# 환황해 새만금발전의 도전과 과제

## - 산업 · 물류 · 투자 -

환황해 새만금발전의 도전과 과제
- 산업 · 물류 · 투자 -

초판 1쇄 발행  2015년 1월 30일

지은이  고현정 외 8인 공저
펴낸이  윤관백
펴낸곳  도서출판 선인

등  록  제5-77호(1998. 11. 4)
주  소  서울시 마포구 마포대로4다길 4(구: 마포동 324-1) 곳마루B/D 1층
전  화  02) 718-6252
팩  스  02) 718-6253
E-mail  sunin72@chol.com

정가 · 13,000원
ISBN  978-89-5933-793-4  93300

군산대학교 새만금종합개발연구원
환황해새만금연구총서 **18**

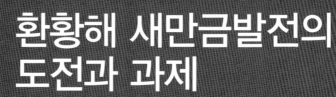

# 환황해 새만금발전의
# 도전과 과제
## - 산업 · 물류 · 투자 -

고현정 · 김민영 · 박재필
황성원 · 강태원 · 김형성
김재구 · 김명아 · 김미희 공저

도서
출판 **선인**

머리말

  새만금사업은 1960년대의 빈번한 가뭄과 1970년대 세계적인 식량파동을 겪으면서 국민들의 먹거리를 해결하려는 목적에서 1987년 출발하였다. 이러한 초기의 농지개발이라는 목적은 시대변화에 따라 몇 차례 내부 토지개발 방향이 변경되었다. 그리고 2011년에는 경제·산업·관광을 아우르는 청정생태환경 글로벌 '아리울' 명품도시를 조성하고 동북아 경제중심지로 성장하는 전략으로 수정된 새만금 종합개발계획(MP)이 발표되었다.

  최근 2014년 7월에는 새만금 종합개발계획이 다시 조정되었는데, 이는 국제적으로 장기화된 경기침체와 국내외 도시들의 투자유치 경쟁에서 상대적으로 새만금에 대한 민간투자자의 관심이 저조하였기 때문이다. 이처럼 새만금 사업은 많은 시간의 흐름에 비교해 볼 때 그 성과가 미비한 것이 사실이다. 하지만 올해 한중 정상회담에서 '새만금 한중경제협력단지' 공동개발이라는 의견을 교환함으로써 새만금 사업의 진척속도에 전환점이 될 것으로 모두가 기대하고 있다. 한·중경협단지는 한국과 중국이 공동으로 새만금 간척지를 매립한 뒤 토지를 조성하고 국내외 투자자를 유치해 도시를 개발한다는 구상이다. 즉 첨단산업기능을 주축으로 하면서 교육·R&D·주거·상업·관광·레저 등 여러 기능이 조화를 이룬 '자족적 복합도시'를 조성한다는 것이다.

　　본 총서는 이러한 시점에서 새만금이 직면한 과제를 산업, 물류, 투자
측면에서 검토하고 향후 발전방향을 살펴보고자 하였다. 특히 새만금은
녹색계획과 기술을 바탕을 둔 창조적 녹색도시 구현에 주안점이 있는
바, 산업 차원에서 신재생에너지인 해상풍력산업을 다루었다. 다음으로
새만금이 환황해 경제권 비즈니스, 업무, 유통기능의 융복합기지 역할
이 강조됨에 따라 새만금 물류·교통 체계를 살펴보았다. 그리고 최근
수정된 새만금 MP에서 강조된 해외투자 활성화에 기여할 수 있는 수요
자 중심의 개발계획의 의미를 재조명하고자 투자부분을 다루었다.

　　제1부에서는 먼저 국내에서 해상풍력의 경제성분석이 이뤄지지 않은
바, 지역수용성을 극대화하기 위해 생산, 고용, 부가가치의 측면에서 산
업연관표를 활용한 정량적인 분석기법을 통해 경제적 파급효과를 분석
하였다. 다음으로 군산항이 서남해안 2.5GW 해상풍력단지개발사업의
지원항만으로 선정되었고 새만금산업단지에 해상풍력클러스터 조성되
고 있는 상황에서 해상풍력산업 한·중 협력방안을 제시하였다. 마지막
으로 고창 부안지역을 중심으로 진행되고 있는 서남해안 해상풍력단지
지역주민들의 수용성을 제고하기 위해 문제점을 개괄적으로 조사하고
주민의식조사를 토대로 정책방안을 제안하였다.

　　제2부에서는 새만금이 미래형 신산업의 생산기반을 중심으로 생산기
능을 강화하고 국내외 투자유치를 적극 추진하고 있는 바, 새만금의 물
류정책 비전을 명확히 하고, 비전을 달성하기 위한 세부추진 계획을 제
시하였다. 그리고 중국대륙의 남북을 잇는 항로와 장강수로를 동서로
잇는 T자형 교차점으로 연근해와 원양항로의 중심에 위치한 중국 닝보
항의 성장배경을 분석하여 새만금 군산항의 발전전략을 제시하였다.

　　제3부에서는 먼저 대규모 투자유치가 요구되는 새만금사업의 활성화

에 새로운 접근방법이 필요한 상황에서 기존과는 차별화된 새만금 투자 유치 방안을 제시하였다. 다음으로 한중경제협력을 가속화하기 위해 한중FTA, 새만금 한중경협단지 협력 등이 진행되는 상황에서 고도의 경제 협력 전략이 필요함에 따라 시범단지의 효율적 운영방안을 제안하였다. 마지막으로 중화자본을 통하여 지역경제 활성화를 도모하고 있는 시대적 상황에서 중화자본의 한국에 대한 투자 방식인 그린필드형와 M&A 외에 새로운 유형의 투자유형을 보이는 것에 주목하여 새만금개발의 대응전략을 모색하였다.

끝으로 이 총서의 내용은 개별 저자 나름대로의 이해와 관점에서 새만금 발전에 대한 의견을 제시한 것으로 미흡한 점이 있음을 고백하지 않을 수 없다. 미비한 점은 이 총서를 읽는 모든 분들의 아이디어와 지혜로 채워지기를 고대하면서 글을 마무리하려 한다. 특히, 이 총서의 발간을 위한 군산대 새만금종합개발연구원(SIRD)의 재정적 지원에 감사드린다.

2014년 12월 6일
필자들을 대표하여 고현정 씀

8

## 목 차

■ 머리말 / 5

# 제1부
## 산업/해상풍력

# 제1장

# 서남해안 2.5GW 해상풍력단지의 경제효과분석

박재필 · 김민영 · 황성원 · 김형성

## Ⅰ. 서론

우리 주위에서 주요 에너지원들은 공급량이 한정되어 있다. 특히 석유, 석탄 및 천연가스와 같은 화석연료의 가채매장량을 연간생산량으로 나눈 가채년수(Reserves/Production ratio: RP ratio)의 관점에서 2013년도 기준으로 석유가 53.3년, 천연가스가 55.1년, 석탄은 112.9년이다.[1] 그러나 우리나라 산업구조는 에너지다소비형인 반면에, 에너지자급률은 상대적으로 낮다.

이와 함께 이산화탄소감축과 관련된 협의가 진행 중에 있으며 EU회원국 27개국을 중심으로 이산화탄소배출권시장까지 형성되고 있어 환경이슈는 경제성장에 제약요인으로 등장할 가능성이 높다. 특히 교토의정서(Kyoto protocol)[2]의 시행으로 이산화탄소감축이 의무화됨에 따라

---

[1] 가채년수 자료는 www.bp.com/en/global/corporate/about-bp.html에서 내려 받았다.

[2] 2008년부터 선진국을 중심으로 1차 의무이행이 요구되고 있고 우리나라는 1997년 당시 개발도상국으로 배출감소의무가 유예되어 2020년까지 온실가스를 전혀 감축하지 않는 경우와 비교하여 30%를 자발적으로 감축하기로 선언했다. 특히 교토메카니즘에는 공

환경경쟁력이 국가산업경쟁력의 핵심요인이 될 가능성이 크다. 이처럼 화석연료의 부존량 한계와 더불어 환경문제까지 대두되면서 에너지정책은 3E(Energy security, Environmental protection, Economic development) 즉 에너지 안보 및 경제발전을 유지하면서 동시에 환경을 보호할 수 있는 새로운 에너지원이 요구되고 있다.

이런 관점에서 기존 화석에너지를 대체할 수 있는 새로운 에너지에 대한 필요성이 제기되었고 특히 태양열, 태양광, 바이오매스, 풍력, 지열, 조력 등 재생에너지(renewable energy)에 대한 관심이 고조되고 있다. 이 가운데 풍력은 국토의 삼면이 바다에 면한 우리나라의 지리적 이점과 더불어 태양광이나 바이오매스와 비교하여 상대적으로 좁은 면적에서 대량의 에너지를 생산할 수 있어 효율성의 측면에서 중요하다. 아울러 미국 풍력에너지협회(AWEA: American Wind Energy Association)는 소재, 항공, 기계 등 관련 산업의 발전에 따라 20년 전과 비교하여 생산단가가 90% 하락했으며 향후에도 이러한 추세가 이어질 것으로 예상했다. 특히 캘리포니아 에너지 위원회 조사에 따르면, 풍력발전 비용은 Kwh 당 4~6센트로 천연가스(3.9~4.4센트)보다는 높지만 석탄(4.8~5.5센트)과 유사하며 신재생에너지인 바이오매스(5.8~11.6센트)보다는 유리하다고 보고(홍정기, 2003)했다.

그래서 산업부는 2019년까지 전북 부안군 위도와 전남 영광군 낙월면 안마도 사이 서남해안에 2.5GW 해상풍력단지를 정부, 발전사 및 기업체와 공동으로 건설하여, 해상풍력의 지속적인 국내수요 창출을 통한 산업기반 구축, 국제경쟁력 제고를 목표로 설정했다. 특히 미래 신성장동력산업으로서 해상풍력발전은 해상풍력시스템의 설계, 제작, 시공, 운영 및 인증과정을 통해 운영실적을 확보하여 해상풍력산업화 및 수출화

---

동이행제도(joint implementation), 청정개발체제(clean development mechanism), 배출권거래제도(emission trading) 등이 포함되어 있다.

를 지향하고 있다.[3] 이에 따라 총 9.2조 원을 투자하는 풍력발전단지는 건설에서 운용에 이르기까지 부안, 고창 및 영광 등 인근 지역에 상당한 경제적 파급효과가 예상된다.

이러한 경제적 파급효과에도 불구하고, 풍력시설의 입지에 대한 지역민의 수용성(local acceptance)은 계획 이전단계에서는 찬성하다가 사업계획·건설과정에서 반대여론이 증가하는 현상[4]을 보인다. 그러나 가동단계에서 경제적 편익이 가시화되는 시점에서 다시 원래의 찬성수준으로 복귀(염미경, 2008)한다는 'U' 혹은 'V' 패턴(Firestone et al., 2009)이라고 보고했다. 이처럼 서남해안 2.5GW 해상풍력 역시 현재 계획단계로서 주변지역의 반대기류가 상당하다는 점에서 본 논문은 정량분석을 통해 해상풍력사업이 경제에 미치는 효과를 사전적(ex-ante)으로 제시함으로써 지역수용성 제고에 기여한다. 따라서 본 연구에서는 지금까지 국내에서 해상풍력의 경제성분석이 이뤄지지 않았고 서남해안 2.5GW 해상풍력사업이 우리나라 최초의 대규모 사업이라는 관점에서 의의가 크며 특히 풍력설비와 관련된 기술적 경제성 분석이 아니라 지역수용성을 극대화하기 위해 생산, 고용, 부가가치 등의 관점에서 산업연관표를 활용한 정량적인 분석기법을 통해 경제적 파급효과를 분석하고자 한다.

---

3) 지식경제부(2011) 보도자료 참조.

4) Petrova(2013)는 님비정신(nimbyism)에 근거하여 부정적 외부효과가 일부 예상되는 유사한 사업이 다른 지역에서 건설되는 것은 찬성하지만 그 사업이 바로 자신의 인근(back yard)에서는 안 된다고 반대하는 현상이라고 설명했다. 따라서 계획이전단계에서는 풍력발전의 장점을 고려하여 찬성하지만 구체적 계획 및 건설시점에는 님비현상(Not In My Back Yard)이 발생한다.

## II. 지역현황과 해상풍력발전

2.5GW 해상풍력사업 예정지인 전북 부안 및 고창과 전남 영광지역은 산업기반이 취약한 전형적인 농어촌 경제다. 다음의 〈표 1〉을 보면, 주변지역의 지역내총생산(GRDP: Gross Regional Domestic Product)을 기준으로 한 경제여건은 최근 3년 평균 성장률이 전북과 전남은 각각 8.83%, 6.20%였으나 사업지 인근 지역인 부안과 영광은 해당 광역지자체와 비교하여 상당히 낮은 4.33%, 4.65%를 나타내고 있고 다만 고창군의 GRDP가 전북평균과 유사했다.

이와 함께, 지자체의 재정활동에 필요한 전체자금에서 자주재원의 비율을 의미하는 재정자립도[5]는 전북과 전남은 전체 17개 지자체(평균 44.8%)와 비교하여 각각 22.8%(14위), 17.4%(17위)로 최하위권을 나타내고 있다. 특히 영광이 11.3%[6], 고창 8.1%, 부안 6.1%로 더욱 낮게 나타나고 있어 해상풍력사업지 인근지역의 재정자립도는 심각한 상태다.

〈표 1〉 인근지역 GRDP 현황

(단위: 억 원)

| 구분 | 2008년 | 2009년 | 2010년 | 2011년 | 과거 3년 평균성장률 |
|------|--------|--------|--------|--------|------------------|
| 전북 | 294,713 | 318,549 (8.1%) | 346,430 (8.8%) | 379,853 (9.7%) | 8.83% |
| 부안 | 9,082 | 10,698 (1.7%) | 11,102 (9.6%) | 11,641 (1.8%) | 4.33% |
| 고창 | 10,696 | 10,873 (17.8%) | 11,913 (3.8%) | 12,125 (4.9%) | 8.81% |
| 전남 | 523,872 | 510,476 (-2.6%) | 587,501 (15.1%) | 623,216 (6.1%) | 6.20% |
| 영광 | 17,892 | 18,836 (5.3%) | 20,498 (8.8%) | 20,470 (-0.1%) | 4.65% |

*자료: KOSIS, ( )는 전년도 대비 성장률을 의미함.

---

5) 재정자립도란 (지방세+세외수입)/일반회계세입*100으로 정의되며 이는 지방정부가 자체 재정활동을 영위하기 위한 자금을 어느 정도 조달하는가를 나타내는 지표이다.

6) 영광의 재정자립도만 2012년 기준이며 이외 전남과 전북, 고창, 부안 등은 모두 2014년 기준 KOSIS 자료이다.

〈표 2〉 인근 지역 인구현황

| 지역<br>(군, 시, 도) | 인구수<br>(2009년 말) | 인구수<br>(2010년 말) | 인구수<br>(2011년 말) | 인구수<br>(2012년 말) | 최근 증감<br>('12-'11) |
|---|---|---|---|---|---|
| 전주시 | 635,007 | 641,525 | 645,894 | 648,863 | 2,969 |
| 군산시 | 266,922 | 272,601 | 275,659 | 278,341 | 2,682 |
| 익산시 | 306,669 | 307,289 | 309,804 | 306,469 | -3,335 |
| 정읍시 | 121,545 | 122,000 | 120,466 | 119,392 | -1,074 |
| 남원시 | 87,675 | 87,775 | 87,455 | 87,000 | -455 |
| 김제시 | 94,770 | 94,346 | 93,111 | 92,317 | -794 |
| 완주군 | 83,885 | 85,119 | 84,660 | 86,164 | 1,504 |
| 진안군 | 27,558 | 27,543 | 28,473 | 26,963 | -1,510 |
| 무주군 | 25,811 | 25,578 | 25,863 | 25,321 | -542 |
| 장수군 | 23,478 | 23,386 | 23,215 | 23,191 | -24 |
| 임실군 | 30,703 | 30,593 | 30,789 | 29,956 | -833 |
| 순창군 | 30,179 | 30,209 | 29,497 | 30,055 | 558 |
| 고창군 | 60,102 | 60,861 | 60,065 | 60,440 | 375 |
| 부안군 | 60,204 | 60,138 | 59,080 | 58,869 | -211 |
| 전라북도 | 1,854,508 | 1,868,963 | 1,874,031 | 1,873,341 | -690 |
| 영광군 | 57,501 | 57,885 | 57,383 | 57,802 | 419 |
| 전라남도 | 1,934,153 | 1,940,455 | 1,938,136 | 1,933,220 | -4,916 |

*자료:『통계로 본 전북의 모습』2010~2013 각 년도, 전남도청 웹사이트를 인용함.

아울러 〈표 2〉를 보면, 사업지 인근은 인구의 정체 내지 감소추세에 있다. 구체적으로 2012년 말 기준, 전년 동기대비 전남 및 전북 인구는 각각 4,916명, 690명 감소했고 부안군 인구 역시 221명 감소했다. 반면에 고창군은 375명 증가했고 전남 영광군 역시 419명 소폭 증가했으나 두 지역 모두 2011년도에 급격한 인구감소로 인해 2012년에 반등했고 장기적으로 인구 감소추세를 나타내고 있다는 공통점이 존재한다.

한편 정부는 '신에너지 및 재생에너지 개발·이용·보급 촉진법'에 근거하여 태양에너지, 바이오에너지, 폐기물에너지, 풍력, 수력, 연료전지, 석탄액화가스화에너지, 해양에너지, 지열에너지, 수소에너지, 그 밖에 석유·석탄·원자력 또는 천연가스가 아닌 에너지로 대통령령이 정하는 11개 에너지 분야로 정의하고 해당산업의 발전을 유도하고 있다.

특히 신재생에너지의 효율성은 국제유가동향에 의해 결정된다. 다음의 〈표 3〉과 같이 최근까지 고공행진하고 있는 유가는 개발도상국의 에너지 수요 증가와 함께 다발적으로 발생하는 산유국들의 정치, 경제, 사회 및 문화적 불안요인을 감안하여 조정되며 아울러 글로벌 금융위기 극복을 위해 투입된 과다한 유동성[7)에 의한 실물자산에 대한 투기수요의 영향까지 받고 있다. 유가는 2008년 금융위기 이후, 안정화 경향을 보였으나 2011년부터 2013년까지 글로벌 경기침체에도 불구하고 배럴당 100달러 이상을 유지하고 있어 신재생에너지의 중요성은 더욱 부각되고 있다.[8) 그러나 2014년 들어 발생하고 있는 유가의 급격한 하락은 신재생에너지의 가격경쟁력을 심각하게 훼손하고 있다.

〈표 3〉 3대 유종의 배럴당 현물가격

(단위: U.S. $/배럴)

| 년도 | Dubai | Brent | WTI | OPEC평균 |
|------|-------|-------|-----|----------|
| 2005 | 49.4 | 54.3 | 56.5 | 50.7 |
| 2006 | 61.6 | 65.1 | 66.0 | 61.0 |
| 2007 | 68.4 | 72.6 | 72.2 | 69.5 |
| 2008 | 94.3 | 97.5 | 99.9 | 94.1 |
| 2009 | 61.9 | 61.7 | 61.9 | 60.9 |
| 2010 | 78.1 | 79.7 | 79.5 | 77.4 |
| 2011 | 106.0 | 111.1 | 95.1 | 107.4 |
| 2012 | 109.0 | 111.7 | 94.2 | 109.5 |
| 2013 | 105.3 | 108.7 | 98.0 | 105.8 |

*자료: 에너지경제연구원(2014)에서 인용함.

그래서 2010년 산자부(현 산업부)는 서남해안에 2.5GW 해상풍력단지를 조성하여 2019년까지 세계 3대 해상풍력 강국으로 도약하기 위한 총

---

7) 최근 글로벌 금융위기 극복을 위한 다양한 정책들이 시행되고 있으며 특히 미국 Fed의 양적완화(QE: Quantitative Easing)와 EU의 과도한 유동성은 상대적으로 수익률이 높은 개발도상국으로 쏠림현상이 발생해 인플레이션 가능성을 증대시키고 아울러 선진국들의 수요증가를 통해 수출신흥국의 무역흑자의 형태로 전환한다.
8) 풍력산업은 고유가시대를 맞아 가파른 성장세를 보였으나 최근 글로벌 금융위기와 유럽의 재정위기로 인해 풍력 등 관련 산업에 대한 보조금이 축소되어 다소 침체되었다.

9.2조 원의 투자계획을 발표하였다. 구체적으로 해상풍력은 다음과 같은 장점(Logan & Kaplan, 2008))이 있다. 첫째, 향후 이산화탄소 배출규제 및 탄소배출권시장의 활성화과정에서 해상풍력 프로젝트는 손익분기점(break-even point) 도달이 용이하고 특히 이산화탄소, 산성비(acid rain), 질소산화물, 황산화물 등으로부터 자유롭다. 둘째, 풍력은 화석연료 고갈로 인한 가격상승요인이 없고 풍력설비의 대량 생산에 따른 규모의 경제(economies of scale)와 발전기의 대형화[9]로 인해 전력생산단가를 점진적으로 낮출 수 있어 화석연료의 수입의존도를 최소화할 수 있다. 특히 우리나라는 지리적으로 무한한 공공재(public goods)인 바람을 활용하는 풍력산업의 비교우위(comparative advantage)가 절대적이다. 셋째, 원자력의 경우, 미국 펜실베니아주 트리마일섬사고(1979년 3월 28일), 우크라이나 체르노빌사고(1986년 4월 26일)나 일본의 후쿠시마 원전사고(2011년 3월 11일)와 같이 다양한 형태의 사고가능성이 상존하고 특히 우리나라와 같이 남북이 대치하고 있는 상황에서는 북한에 의한 의도적 공격 및 테러가능성까지 고려해야 됨에 따라 원전의 기대비용(expected cost)[10]은 상당히 큰 것으로 예상되는데 반해 풍력발전은 이런 위험성이 존재하지 않는다. 넷째, 토지주 및 피고용인들에게 토지사용료 및 임금 등을 지불함과 동시에 풍력사업자가 해당 지자체에 지방세를 납부함으로써 낙후된 농어촌지역의 경제발전과 지방정부 세수증대에 기여한다. 다섯째, 풍력발전은 고도의 기술집약산업이며 사업규모

---

9) 최근 제주도에서는 2014년까지 7MW 해상풍력발전기 12기를 수주해 84MW급 대정해상풍력발전을 가동할 예정이다. 이처럼 풍력발전기의 대형화는 기술개발과 함께 향후에도 효율성 증대, 공사비 및 유지보수비 감소 등 풍력발전의 손익분기점을 앞당기고 수익성을 극대화하는 방향으로 발전할 것이다.

10) 현행 원자력발전단가는 건설비, 운영비, 중·저준위 방사능 폐기물처분비, 사용 후 연료처분비 및 원전해체처리비 등 발전소 건설부터 최종 해체까지 소요되는 비용을 고려해 산정된다. 그러나 사고, 테러 등과 같은 비용은 고려하지 않고 있다는 점에서 원자력발전 단가 계산의 현실적 한계가 있다.

가 방대하여 전기, 기계, 토목, 소재, 조선 등 관련 산업에 전·후방연관효과가 크기 때문에 세계 최고 수준인 우리나라 조선, 전기, 기계, 건설, 토목산업을 기초로 시너지효과를 극대화할 수 있다.

반면에 해상풍력은 다음과 같은 단점(Logan & Kaplan, 2008))들을 내포하고 있다. 첫째, 생산된 전력이 이용자의 수요와 일치하기보다는 바람이 부는 시점과 강도에 의존한다. 따라서 전력생산의 불균일성으로 인해 전력의 수요와 공급을 일치시키기 위해 화력발전소 혹은 잉여전력을 저장할 수 있는 수력발전소 등과의 연계방안이 요구된다. 둘째, 거대한 풍력발전기와 터빈 등 구조물의 소음, 그림자 및 조류충돌(bird collision) 등이 지적된다. 이외에도 인근 군부대의 레이더 전파 간섭 및 풍력발전기 주변의 난기류(로터 지름의 3~5배)에 의한 헬기 등 저고도 항공기 운항에 영향을 미칠 수 있다. 셋째, 해저 파일과 같은 기초구조물 건설과정에서 파일항타(pile driving), 해저 케이블 매립 등에 기인한 소음 및 부유사 문제와 건설 이후 조수변화, 세굴, 퇴적 등에 의한 수중생물 및 동물에 영향을 미칠 수 있다.


## III. 선행연구분석

풍력발전의 경제성분석은 관련 산업이 발전한 해외에서 주로 진행되어 왔고 국내에서도 최근에 유사한 연구들이 발표되고 있어 본 연구에서는 해외연구와 국내연구로 나눠 정리했다.

해외연구로는 먼저 Pollin et al.(2008)은 IO(Input-Output)분석을 통해 미국의 6개 주요 녹색산업에 1,000억 달러의 녹색투자가 창출하는 고용효과를 직접효과(direct effect), 간접효과(indirect effect), 유발효과(induced effect) 등으로 추정하였다. 먼저 녹색산업에 대한 투자지출에 의해서 발생한 고용증대효과는 직접효과로 93만 5,000개 일자리, 간접효과에 의한

58만 6,000개 일자리, 유발효과에 의한 49만 6,000개 일자리 등 약 200만 개의 일자리가 창출되었다. 이는 동일한 금액을 가계소비에 지출(spending on household consumption)했을 때, 녹색산업의 85% 수준인 170만 개의 일자리가 창출되었고 대표적인 장치산업인 석유산업에 지출(spending on oil industry)되었을 때는 27% 수준인 54.2만 개에 머물렀다고 주장했다. 따라서 전술한 여타산업들보다 일자리 창출효과가 상대적으로 높았기 때문에 NEET(Not in Education, Employment or Training), 청년실업 등 고실업·저성장시대에 적합하다.

또한 Kammen et al.(2004)은 기존 연구들의 결과치를 이용하여 미국과 유럽의 청정에너지 산업이 유발한 경제효과 및 에너지 유형별 고용효과를 분석했다. 사례별 고용효과는 해당 에너지산업에서 제조, 건설, 에너지생산, 운영 및 유지·보수 등에 필요한 인력을 포함했다. 특히 신재생에너지의 경우, 평균 megawatt 당 화석연료기반의 발전시설과 비교하여 상대적으로 많은 일자리 창출능력을 통해 경제에 기여할 수 있다. 즉 화석연료기반의 발전시설은 최근까지 고용비율(employment rate)이 지속적으로 하락하고 있는 반면에 신재생에너지는 상대적으로 증가하고 있기 때문이다. 구체적으로 태양광발전의 총 고용효과는 MWa 당 7.41~10.56명, 풍력발전은 0.71~2.79명, 바이오매스는 0.78~2.84명으로 조사되었다. 반면에 석탄이나 가스발전방식은 각각 1.01명과 0.95명으로 낮았다. 전반적으로 MWa당 고용창출은 석탄이나 가스 등 기존 화석연료에 기반한 발전방식과 비교하여, 신재생에너지 분야가 월등히 높다고 할 수 있어 글로벌 경기침체로 인한 일자리창출의 한계를 극복하는데 유효하다. 이는 신재생에너지 분야의 고용창출효과가 건설, 제조 및 설치관련 부분에 더 높게 나타나는 반면에 기존 발전방식은 운영, 유지·보수 및 연료공정에서 발생하기 때문이다.

EWEA(2012)에 따르면, 풍력분야가 EU GDP에서의 비중은 2007년에 0.094%에서 점진적으로 확대되어 2010년에는 0.141%로 50% 급증했고 특히 기여액의 연간증가율은 2008년과 2009년에 각각 13.4%와 19.8%로 가파르게 증가했고 글로벌 금융위기 및 유럽재정위기 여파로 2010년에는 4.1%로 다소 침체했다. 아울러 EU 27개국 GDP 증가율을 감안하면 2010년을 제외한 경우, 풍력발전의 EU GDP에 대한 비중이나 증가율은 놀라운 수준이다.

EU 풍력산업의 GDP(2010년 불변가격기준)에 미친 직접적인 기여(wind energy sector's direct contribution to GDP)[11])는 2010년 기준 176.1억 유로에 이른다고 보고했다. 또한 2007년에서 2010년까지 GDP에 미친 총직접기여액(total direct contribution to GDP)은 610.7억 유로이다. 반면에 간접기여도는 2010년에 일부 감소한 경우가 있었지만, 2010년 기준 148.2억 유로를 나타냈다. 이 모두를 합하면, 풍력산업이 EU 경제에 미친 총 GDP 기여효과(Total impact on GDP)는 전술한 풍력산업의 직접 및 간접효과를 합산한 결과, 32.43bn 유로로서 2007년 이후 8.05bn 유로가 증가함으로써 33% 증가했으며 총고용(Total employment) 역시 2010년 기준, 풍력산업은 직·간접적으로 23만 8,154명의 일자리를 제공하여 2007년과 비교하여 모두 5만 5,526명(30.4%) 증가했다. 향후 2020년의 고용 예상치는 52만 659명으로 2010년과 비교하여 118% 증가했고 2030년의 고용 예상치는 79만 4,079명으로 2010년과 비교하여 233.4% 증가했다. 특히 고용창출효과는 직접고용증가가 안정적으로 발생하여 일자리창출의 중요한 부분을 차지하고 있다.

반면에 국내연구로서 김재수(2004)에 따르면, 원전계획부터 준공까지 10여 년의 사업기간(실제공사기간 7년) 동안에 시공단계에서 다수의 건설인력이 동원되기 때문에 인근지역에서 고용효과가 크게 발생하며 이는 계약발주 시 현지주민을 우선 채용하도록 건설업체와 계약을 체결하여

---

11) EWEA(2012)에 의하면, GDP 직접효과(direct contribution to GDP)의 3가지 접근방법은 지출(expenditure), 부가가치(added value), 소득(income) 등으로 European System of National and Regional Accounts(ESNRA)를 활용했다.

반영할 수 있다고 주장했다. 특히 영광 5, 6호기의 경우, 주변지역출신 노동자가 413명(27%)이었으며 울진 5, 6호기 경우는 지역출신 노동자가 1,652명(40%)을 활용함으로써 지역일자리창출에 기여했다.

또한 원전 운영기간 중 지역경제에 미친 효과로 한수원은 1990년부터 직원 채용 시 인근지역 주민에 한하여 필기고사 총점의 10% 가산점을 부여하여 채용기회를 확대하였고 기능직, 별정직 등의 직종에도 해당지역 주민을 우선적으로 채용했다. 특히 2002년 말 4개 원전본부 근로자 총 6,482명 가운데 12.8%인 809명이 주변지역 주민으로 구성되었다.

이외에도 임금지급실적은 한국수자원공사의 4개 본부 2,327억 원과, 한전기공의 4개 본부 609억 원을 합하여 총 2,937억 원에 이른다. 특히 해당 지역경제규모를 고려할 때, 임금지급액은 지역경제활성화에 기여했다. 한편, 2002년 기준 4개 원전본부의 지방세 납부총액은 모두 442억 원으로 원전 소재지 전체 지방세수의 15.4%에 이르고 있다. 특히 영광과 울진처럼 50%를 상회하는 경우도 있으나 고리나 월성처럼 13~15%대인 경우도 있다. 그러므로 지역경제가 열악한 경우, 전체 지방세에서 발전소 비중은 급격히 증대하고 있어 지방재정 건전화차원에서 서남해안 2.5GW 해상풍력건설은 인근 지자체에 재정자립도개선측면에서 주요한 의미를 갖는다.

이준행·노용환(2010)은 조건부가치측정법(Contingent Valuation Method: CVM)을 활용하여 인천만 조력발전사업의 국민경제적 편익을 평가하기 위해 납세자들의 최대 지불용이금액(Willingness To Pay: WTP)을 화폐적 가치로 시현시켜 측정하는 방식으로 인천만 조력발전사업의 경제적 가치는 연간 4,799억 원으로 추정했다. 조력발전 사업은 해양, 환경, 토목, 조선(중공업), 기계 및 전기 등의 설계, 제작 및 시공 등 광범위한 산업들간의 연관성이 존재하기 때문에 다양한 산업 간의 관계를 계량적으로 분석하기 위한 투입산출분석(Input-Output Analysis or Interindustry Analysis)을 활용했다. 한국은행의 2007년 산업연관표에 근거하여 2010년부터 2017년까지 중규모 개발(수차 44기, 수문 20문) 기준 사업비는 약 3조 9,214억 원에 이르며 산업 및 국민경제 전반에 미치는 시너지 효과로 총생산유발효과는 약 8조 906억 원으로 투자비의 2.1배에 이르며 특히 제조, 건설, 서비스 부문 순으로 생산파급 및 부가가치 효과가 큰 것으로 나타났다. 아울러 고용창출효과 역시 6만 1,656명에 이르며 개발기간 창출되는 총 부가가치(3조 1,087억 원)의 6%인 1,849억 원이 순세입으로 환류했다.

경제성분석과 관련하여 이춘근(2006)은 한국은행의 75개 부분 전국산업연관표를 활용하여 지역실정에 맞게 재분류·통합하여 23개 부문 전국산업연관표를 작성했다. 1990년 지역사업별 총산출액과 부가가치 및 최종수요를 통계청의 지역내 총생산과 광공업 통계조사보고서, 총사업체 통계조사보고서 등을 중심으로 작성했다. 이를 통해 후방연관효과를 영향력계수(index of the power dispersion)로, 전방연관효과를 감응도계수(index of the sensitivity dispersion)로 각각 나타냈다. 또한 한만기(2004)는 경제기반분석(Economic Base Analysis), 비용-편익분석(Cost-Benefit Analysis), 변이할당 모형(Shift-Share Model) 및 지역투입산출분석(Regional Input-Output Analysis) 등 다양한 분석기법을 제시했다.


## Ⅳ. 산업연관분석

서남해안 2.5GW 해상풍력설비건설로 인한 경제효과를 분석하기 위해서 2010년 연장산업연관표를 활용한 산업연관분석을 수행했다.

먼저 산업연관표는 한 산업에서 생산된 재화가 다른 산업의 생산을 위해 원재료로 투입됨으로써 산업들은 직·간접적으로 서로 밀접한 연관성을 보인다. 이처럼 경제에서 재화와 서비스가 생산되고 이러한 생산과정에서 각 산업은 원재료의 투입구조 즉 생산기술구조에 따라 직·

간접적인 연관을 맺게 되며 이와 같은 생산활동의 산업간 연관관계를 산술적으로 파악하는 분석방법이 산업연관분석(interindustry analysis) 또는 투입산출분석(input-output analysis)이다. 먼저 산업연관분석은 산업별 투입구조가 안정적이라는 가정에 따라 최종수요의 변동이 각 산업부분별로 미치는 직·간접적인 효과, 부가가치, 고용 등의 관점에서 계측·분석함에 있다. 아울러 여러 가지 생산유발계수표 가운데, 최종수요 발생에 따른 국내생산유발효과뿐만 아니라 수입, 부가가치 유발효과 등을 분석하기에 용이한 $((I-A^d)^{-1}$형을 활용하였다. 금번 분석은 가장 최근에 발표된 2010 산업연관표 연장표를 활용하였다. 또한 관련 산업[12]은 전력, 가스 및 수도산업으로 가정한다. 또한 계획상 2011년부터 2019년까지 실증, 시범 및 확산 등 총 투자비규모는 9.2조 원에 이른다. 이를 모두 전력, 가스 및 수도산업에만 투자한다는 가정 하에 금번 생산, 부가가치 및 취업유발효과 등을 분석했다.

생산유발효과는 생산유발계수표를 통하여 국민경제 전체에서 생산되어야 하는 최종수요변동이라는 생산유발효과를 산출할 수 있다. 특히 생산유발계수표는 소비, 수출, 투자와 같은 최종수요가 한 단위 증가했을 때, 개별 산업부문에서 직·간접적으로 생산되는 산출액 단위를 나타내는 생산유발계수를 도표로 작성한 표이다.

한국은행(2010)에 따르면, 전력, 가스 및 수도산업의 생산유발계수는 국민경제 전체로 1.477377이며 구체적으로 전력, 가스 및 수도산업 자체의 직·간접적인 생산유발효과는 1.203277이고 기타 다른 산업에서 발생한 간접 생산유발효과는 0.2741이다. 〈표 4〉에 의하면, 국내에 발생시킨 직·간접적인 생산유발효과는 13.5081조 원에 이르며, 해당 산업에서만 발생한 생산유발효과는 11.0701조 원에 이른다. 특히 직·간접적인

---

12) 관련 산업은 28개 산업과 관련된 산업연관표를 활용하였으며, 해상풍력산업은 현재 세분화작업이 이뤄지지 않아 17번째 산업(전력, 가스 및 수도)에 포함되어 있다. 금번 분석에서는 전력, 가스 및 수도산업으로 가정하고 분석했다.

생산유발효과는 전북, 전남, 부안, 고창, 영광 등 GRDP[13)와 비교하면, 전북 및 전남의 2011년 GRDP의 각각 35.56%, 21.67% 수준이며 부안, 고창, 영광 등과 비교하면, 각각 11.1배, 11.6배, 6.6배 등으로 나타났다. 따라서 지역경제 규모를 고려했을 때, 부안 및 고창 등 전북에서의 지역경제파급효과는 상대적으로 더 클 것으로 예상된다.

〈표 4〉 산업연관분석 효과

(단위: 억 원, 명)

| 구 분 | 생산유발 효과 | 취업유발 효과 | 부가가치 유발효과 | 최종수요 항목별 부가가치 의존도 | | |
|---|---|---|---|---|---|---|
| | | | | 소비 | 투자 | 수출 |
| 농림수산품 | 111.2 | 3330.4 | 0.821026 | 0.797668 | 0.091441 | 0.110892 |
| 광산품 | 352.1 | 1490.4 | 0.821920 | 0.156764 | 0.463625 | 0.379612 |
| 제조업* | 13,394.6 | 22273.2 | 8.253917 | 0.284388** | 0.214978** | 0.527749** |
| 전력 가스 및 수도 | 110,701.5 | 98826.4 | 0.461116 | 0.616608 | 0.112449 | 0.270928 |
| 건설 | 991.8 | 8436.4 | 0.748907 | 0.040324 | 0.945707 | 0.013969 |
| 도소매 | 1,146.3 | 23046.0 | 0.857903 | 0.542598 | 0.152080 | 0.305323 |
| 음식점 및 숙박 | 426.2 | 8887.2 | 0.782025 | 0.797440 | 0.053140 | 0.149420 |
| 운수 및 보관 | 745.1 | 6522.8 | 0.560905 | 0.363273 | 0.090150 | 0.546577 |
| 통신 및 방송 | 548.9 | 1453.6 | 0.837702 | 0.732257 | 0.090034 | 0.177709 |
| 금융 및 보험 | 1,431.3 | 7314.0 | 0.918874 | 0.676870 | 0.098175 | 0.224954 |
| 부동산 및 사업서비스 | 4,667.7 | 36514.8 | 0.902660 | 0.534772 | 0.224073 | 0.241155 |
| 공공행정 및 국방 | 11.5 | 101.2 | 0.867763 | 0.993044 | 0.001410 | 0.005546 |
| 교육 및 보건 | 333.1 | 4811.6 | 0.865850 | 0.965271 | 0.014082 | 0.020648 |
| 사회 및 기타 서비스 | 239.5 | 3606.4 | 0.837822 | 0.883724 | 0.041013 | 0.075262 |
| 기타 | 817.9 | 0 | 0.682639 | 0.000000 | 0.000000 | 0.000000 |
| 합계 | 135,918.7 | 226,623.6 | 19.221028 | 3.981435 | 3.009694 | 0.238578 |
| 평균 | 9061.2 | 15108.2 | 1.281401 | 0.578903 | 0.182519 | 0.238578 |

주 1: *는 14개 제조업(음식료품, 섬유 및 가죽제품, 목재 및 종이제품, 인쇄 및 복제, 석유 및 석탄제품, 화학제품, 비금속광물제품, 제1차금속제품, 금속제품, 일반기계, 전기및전자기기, 정밀기기, 수송장비, 기타제조업제품)을 하나의 항목으로 나타냄.
주 2: **는 최종수요 항목별 부가가치 의존도는 제조업의 경우, 14개 제조업 합계의 평균을 활용하였음.

13) 각 지역 2011년 GRDP는 KOSIS로부터 추출했다.

특히 생산유발효과는 영향력계수와 감응도계수로 구분되는데 첫째, 영향력계수는 어떤 산업의 생산물에 대한 수요가 한 단위 증가했을 때, 전산업부문에 미치는 후방연관효과를 전산업 평균에 대한 상대적 크기로 구한다. 전력, 가스 및 수도산업의 영향력계수는

$$1.477377/(54.536713/28) = 0.758509$$

이다.

둘째, 감응도계수(index of the sensitivity of dispersion)는 모든 산업에서 생산물의 최종수요가 1 단위 증가했을 때, 특정 산업이 받는 영향(전방연관효과)을 계측하는 지수이다. 전방연관효과는 해당 산업의 행합계를 전산업의 평균으로 나눠 구하면 된다. 감응도계수는

$$2.209012/(54.536713/28) = 1.13414$$

이다. 따라서 해상풍력사업은 후방연관효과보다는 전방연관효과가 상대적으로 크다는 특징이 있다.

각 산업의 취업유발효과는 개별 생산활동과정에서 노동이나 자본 등 생산요소를 결합하여 이뤄지며 특히 본원적 생산요소인 노동의 유발효과나 산업별 취업구조의 변화 등은 고용 없는 성장(jobless growth)시대에 주요한 이슈 가운데 하나다. 즉 최종수요가 생산을 유발하고 생산과정에서 본원적 생산요소인 노동수요를 유발함으로써, 재화나 용역에 대한 최종수요는 결과적으로 노동수요를 유발하는 구조이다.

먼저 노동계수란 일정기간 동안 생산에 투입된 노동량을 산출액으로 나눈 계수로서 산출액 10억 원(한 단위)에 투입된 노동량을 의미하고 이는 노동생산성과 역수관계이다. 즉 취업계수는 $l_w = L_w/X$, 고용계수는 $l_e = L_e/X$다. 여기서는 $X$는 산출액, $L_w$는 취업자수, $L_e$는 피용자수를 각각 정의한다.

또한 노동유발계수는 생산파급과정에서 직·간접적으로 발생하는 노동량을 의미하며 산출액 10억 생산에 직접적으로 소요되는 노동량과 간

접적으로 필요한 노동량까지 아우르는 개념이다. 특히 피용자와 자영업
주 및 무급가족종사자를 포함하는 취업자수를 의미하는 취업유발계수
와 피용자수만을 기준으로 하는 고용유발계수로 나눠진다. 여기에서는
자영업주, 무급가족종사자 등을 포괄하는 취업유발계수를 중심으로 언
급하고자 한다.

### 〈표 5〉 취업유발 효과

(단위: 명, (취업유발계수))

| 구 분 | 해당 산업 | 여타 산업 | 전산업 합계 |
|---|---|---|---|
| 취업유발 인원 | 9,883 (1.07) | 12,779 (1.39) | 22,662 (2.46) |

〈표 5〉에 따르면, 전력, 가스 및 수도산업에 대한 최종 수요 10억 원
(1단위)이 발생할 경우, 해당 산업의 직·간접적인 취업유발인원은 1.07
명/10억으로 나타났고 전산업에서는 2.46명의 취업이 유발되었다.[14] 따
라서 2.5GW 해상풍력발전시설에 대한 투자가 가시화될 경우, 해당산업
에서 발생하는 취업유발인원은 9,883명, 여타산업에서 발생하는 취업유
발인원은 1만 2,779명이며 전산업에서 발생하는 취업유발인원은 2만
2,662명에 이른다. 특히 전산업 취업유발인원은 2013년 기준 전북 총취
업자(87만 6,000)의 2.6%, 전남 총취업자[15](91만 5,000명)의 2.5%로 인근
지역에서의 일자리 창출효과가 클 것으로 예측된다.

특히 28개 산업의 취업유발효과를 분석한 〈표 6〉에 의하면, 10억 원
당 농림수산품(37.3명), 음식점 및 숙박(30.8명), 도·소매(24.8명) 등 1차
산업 및 서비스업에서 취업창출효과가 컸고 반면에 전력, 가스 및 수도
(2.46), 석유 및 석탄제품(1.15)은 취업유발효과가 상대적으로 낮았다.

---

14) 동 산업의 취업계수가 상대적으로 낮기 때문에 해당산업의 노동생산성이 높다고 할
   수 있다. 즉 평균보다 취업계수가 낮다면 자본집약산업이라 할 수 있기 때문이다.
15) 지역별 총취업자 통계는 KOSIS에서 추출했다.

특히 해상풍력산업은 장치산업으로 자본집약적인 산업의 특징을 보여 주고 또한 이들 산업의 취업계수는 노동생산성의 역수이므로 농림수산품, 음식점 및 숙박, 도·소매업와 비교하여 노동생산성이 상대적으로 높다는 점이 특징이다.

〈표 6〉 여타산업 취업유발효과

(단위: 명/10억 원)

| 구 분 | 취업유발인원 (A) | 해당산업 취업유발 인원 (B) | 여타산업 취업유발 인원 (C=A-B) | 여타산업 취업유발률 (C/B, %) |
|---|---|---|---|---|
| 농림수산품 | 37.26 | 33.51 | 3.75 | 11.19 |
| 광산품 | 7.77 | 4.23 | 3.54 | 83.69 |
| 제조업 | 129.85 | 61.00 | 68.85 | 112.87 |
| 전력 가스 및 수도 | 2.46 | 1.07 | 1.39 | 129.9 |
| 건설 | 13.72 | 8.54 | 5.18 | 60.66 |
| 도소매 | 24.81 | 20.83 | 3.98 | 19.11 |
| 음식점 및 숙박 | 30.82 | 21.09 | 9.73 | 46.14 |
| 운수 및 보관 | 11.45 | 9.23 | 2.22 | 24.05 |
| 통신 및 방송 | 9.51 | 3.06 | 6.45 | 210.78 |
| 금융 및 보험 | 9.43 | 6.72 | 2.71 | 40.33 |
| 부동산 및 사업서비스 | 11.54 | 8.60 | 2.94 | 34.19 |
| 공공행정 및 국방 | 12.48 | 8.88 | 3.60 | 40.54 |
| 교육 및 보건 | 18.07 | 14.75 | 3.32 | 22.51 |
| 사회 및 기타서비스 | 20.96 | 15.86 | 5.10 | 32.16 |
| 기타 | 22.36 | 0.00 | 22.36 | 무한대 |
| 합계 | 362.49 | 217.37 | 145.12 | 66.76 |

산업별 취업유발효과를 보면, 일자리창출 관점에서 여타산업에서의 취업유발률이 무려 129.9%로 해당산업의 취업유발효과보다 크기 때문에 2.5GW 해상풍력과 관련되어 지역경제에 미치는 취업유발관점에서 파급효과는 상대적으로 클 것으로 예상된다. 이런 수치는 전산업 평균(66.76%)의 약 2배에 해당되며 현실적으로 제조업(112.87%)보다 높게 나타나고 있고 통신 및 방송산업(210.78%)보다 낮은 것으로 판단되며 사업지 인근이 농업, 어업 중심의 1차 산업기반을 갖고 있고 최근에 활성

화되고 있는 관광산업과의 시너지효과를 예상할 수 있어 인근 지역의
일자리창출이라는 관점에서 지역수용성에 주요한 영향을 미칠 것으로
판단된다.

<표 7> 최종수요 항목별 취업유발인원 및 의존도

(단위: 명, %)

| 구 분 | 취업유발인원 | | | | 의존도 | | | |
|---|---|---|---|---|---|---|---|---|
| | 소비 | 투자 | 수출 | 합계 | 소비 | 투자 | 수출 | 합계 |
| 농림수산품 | 1264.1 | 144.9 | 175.7 | 1584.8 | 79.77 | 9.14 | 11.09 | 100.00 |
| 광산품 | 2.4 | 7.2 | 5.9 | 15.5 | 15.68 | 46.36 | 37.96 | 100.00 |
| 제조업 | 851.1 | 719.9 | 1996.1 | 3567.1 | 28.44 | 21.50 | 50.06 | 100.00 |
| 전력 가스 및 수도 | 42.4 | 7.7 | 18.6 | 68.8 | 61.66 | 11.24 | 27.09 | 100.00 |
| 건설 | 64.6 | 1515.7 | 22.4 | 1602.7 | 4.03 | 94.57 | 1.40 | 100.00 |
| 도소매 | 1743.8 | 488.8 | 981.3 | 3213.8 | 54.26 | 15.21 | 30.53 | 100.00 |
| 음식점 및 숙박 | 1334.9 | 89.0 | 250.1 | 1676.9 | 79.74 | 5.31 | 14.94 | 100.00 |
| 운수 및 보관 | 370.8 | 92.0 | 557.9 | 1020.8 | 36.33 | 9.01 | 54.66 | 100.00 |
| 통신 및 방송 | 115.5 | 14.2 | 28.0 | 157.7 | 73.23 | 9.00 | 17.77 | 100.00 |
| 금융 및 보험 | 459.9 | 66.7 | 152.8 | 679.4 | 67.69 | 9.82 | 22.50 | 100.00 |
| 부동산 및 사업서비스 | 1151.8 | 482.6 | 519.4 | 2153.8 | 53.48 | 22.41 | 24.12 | 100.00 |
| 공공행정 및 국방 | 839.6 | 1.2 | 4.7 | 845.5 | 99.30 | 0.14 | 0.55 | 100.00 |
| 교육 및 보건 | 2485.9 | 36.3 | 53.2 | 2575.3 | 96.53 | 1.41 | 2.06 | 100.00 |
| 사회 및 기타서비스 | 1056.6 | 49.0 | 90.0 | 1195.3 | 88.37 | 4.10 | 7.53 | 100.00 |
| 기타 | 0 | 0.0 | 0.0 | 0.0 | 0.00 | 0.00 | 0.00 | 100.00 |
| 전산업 | 11783.4 | 3715.1 | 4856.2 | 20354.6 | 57.89 | 18.25 | 23.86 | 100.00 |

<표 7>에 의하면, 산업별 최종수요 항목별 취업유발효과는 최종수요
각 항목별(소비, 투자, 수출) 취업유발인원과 각각의 비중을 나타낸다.
특히 최종수요 항목별 취업유발의존도에 따르면, 전력, 가스 및 수도산
업은 소비의존도가 61.66%로 가장 높고, 다음으로 수출의존도가 27.09%,

투자의존도가 11.24%로 가장 낮았다. 해당 산업은 소비와 수출의존도가 전산업 평균(18.25%)보다 높았고 투자의존도는 전산업 평균보다 낮은 특성을 보여주고 있다.

다음으로 부가가치효과는 재화와 서비스의 최종수요가 증가하여 생산을 유발하게 되고 이런 생산활동과정에서 부가가치가 창출된다. 따라서 최종수요에 기반한 부가가치유발효과는 국내 부가가치를 계측할 수 있는 $(I-A^d)^{-1}Y^d$ 방식의 생산유발계수표를 활용하여 $V = A^v(I-A^d)^{-1}Y^d$ 와 같은 부가가치행렬을 도출했다. 여기서 $A^v(I-A^d)^{-1}$는 특정 산업의 국내생산물에 대한 최종수요 한 단위가 증가했을 때, 국민경제 전체에 직·간접적으로 발생하는 부가가치 단위를 의미한다. 전력, 가스 및 수도산업의 부가가치유발계수는 0.461116(1−0.538884)으로 해당산업의 최종수요 1단위가 증가했을 때, 국민경제 전체에 직·간접적으로 유발되는 부가가치는 0.461단위임을 의미한다. 2010년 연장산업연관표상에서는 농림어업, 광업 등 원시산업의 산업별 부가가치유발계수가 상대적으로 높고 제조업은 낮았다.

따라서 서남해안 2.5GW 해상풍력사업은 〈표 8〉과 같이 총 4조 2,422억 원의 부가가치 유발효과를 나타냈다. 구체적으로 부가가치유발효과는 고정자본소모 1조 3,823억 원, 피용자보수 1조 2,890억 원, 영업잉여 1조 1,047억 원, 생산세 4,662억 원 등으로 구성되어 있다.

〈표 8〉 항목별 부가가치유발 금액

(단위: 억 원)

| 구 분 | 피용자보수 | 영업잉여 | 고정자본<br>소모 | 생산세 | 합계 |
|---|---|---|---|---|---|
| 부가가치액 | 12,890<br>(0.1401) | 11,047.4<br>(0.1200) | 13,823.1<br>(0.1502) | 4662.2<br>(0.1506) | 42,422.7<br>(0.4611) |

또한 〈표 9〉에 따라 부가가치유발의 소비, 투자 및 수출 등 최종수요 항목별 구성비를 보면 먼저 소비의 유발계수는 0.032094로 가장 크고 다음으로 투자 0.027357, 수출 0.010130 순이었다.

〈표 9〉 최종수요 항목별 부가가치유발

(단위: 유발계수, (의존도))

| 구 분 | 소비 | 투자 | 수출 | 평균 |
|---|---|---|---|---|
| 부가가치유발계수 | 0.032094 | 0.027357 | 0.010130 | 0.014012 |
| 의존도 | 61.66 | 11.25 | 27.09 | - |

## V. 결론 및 시사점

서남해안 2.5GW 해상풍력은 해상풍력 산업공급망을 구축하고 관련 산업의 수출경쟁력을 확보하려는 정책적 목표가 있다. 이를 위해, 실증, 시범 및 확산단지 등 일련의 과정을 거쳐 우리나라 최대 2.5GW 해상풍력 단지를 위도와 안마도 사이에 조성하는 사업에 총 9.2조 원이 투자된다.

따라서 이번 해상풍력사업에 대한 경제성분석을 위해 2010년 한국은행 연장산업연관표에 기초한 산업연관분석 결과, 직·간접적인 생산유발효과는 13.5조 원에 이르며, 특히 해당산업에서 발생하는 생산유발효과는 11.07조 원, 여타 산업에서 발생하는 생산유발효과는 2.4조 원에 이른 것으로 나타났다. 아울러 최근과 같은 고용 없는 성장시대(jobless growth period)에 발생하는 취업유발효과는 해당산업에서 총 9,883명과, 여타산업에서 1만 2,779명으로 총 2만 2,662개의 일자리를 제공하는 것으로 나타났다. 이처럼 해상풍력산업에 대한 투자는 특히 해당산업보다 여타산업에서의 취업유발효과가 큰 특성으로 인해 농·어업 등 1차 산업중심의 사업지 인근 지역민들에게 취업의 기회를 증대시킬 가능성이 크기 때문에 지역수용성 제고측면에서 유리하다. 아울러 부가가치측면에서도 해상풍력사업은 총 4.24조 원의 부가가치를 유발하는 것으로 나타났다. 구체적으로 피용자보수로 1.3조 원, 영업이익으로, 1.1조 원, 고정자본소모로, 1.4조 원, 생산세로 0.47조 원 등으로 구성되었다.

전술한 경제적 효과와 함께, 향후 해상풍력사업지 인근 지역과 해상풍력프로젝트가 상생할 수 있는 방안으로는 지역경제에 지속가능한 편익이 발생함과 동시에 해상풍력발전 역시 수익성을 창출할 수 있는 상호이익에 기반해야 한다. 또한 사업계획, 건설 및 운영 등 모든 과정에서 '정보 공개'를 통해 인근 지역 이해당사자들의 참여 및 피드백을 통해 사업과 관련된 정보의 비대칭(asymmetric information)을 최소화하는 것이 지역수용성을 극대화할 수 있는 전략[16]이다. 이와 함께 사업지 인근에 미래 발생할 수 있는 명확한 비용측면을 상쇄할 수 있는 편익을 제공하는 방안들로 다음과 같은 정책을 제시한다.

첫째, 해상풍력사업지 인근 지역을 기존의 1차산업 중심에서 2·3차산업으로 고도화시킬 필요가 있다. 예로, 덴마크 코펜하겐 인근의 미델그루덴(Middelgrunden)은 2001년에 설치된 40MW(Bonus Energy 2MW X 20) 규모의 덴마크 최초의 해상풍력발전소를 기반으로 아름다운 코펜하겐 항구와 더불어 관광자원화에 성공한 대표적 사례(이희선, 2010)이다. 이처럼 서남해안 2.5GW 해상풍력발전시설 역시 서남해안의 변산반도 국립공원과 더불어, 풍력시설 인근 섬들을 연계한 크루즈 관광자원개발과 해상풍력 테마파크를 중심으로 초·중·고 대상 풍력관련 체험학습코스로 개발하여 신재생에너지에 대한 국민의식 제고와 교육체험장[17]으로

---

16) O'Keeffe & Haggett(2012)에 따르면, 어업관련 이해당사자들이 생계와 관련됨에도 불구하고 사업개발자들로부터 무시되고 소외당하고 있다는 점에서 이해관계자들의 반대가 발생한다고 주장했다. 따라서 이에 대한 해결방안으로 어업 이해당사자들과 지속적인 대화가 필요하다고 주장했다. 아울러 김형성 등(2013, 78)에 의하면, 대규모 국책사업이 중앙의 일방적 판단에 따라 결정됨으로써 갈등이 발생하고 이는 정책집행비용의 증가로 귀결된다고 주장했다.

활용할 수 있다.

둘째, 정부는 해상풍력시설의 하부구조물을 설계단계부터 양질의 바다어장으로 건설해야 한다. 과거 덴마크는 해상풍력단지가 어장에 건설되는 경우, 기존의 어획고와 풍력시설설치 후 발생하는 어획고의 차이를 발전업자가 보상함으로써 어업분야 종사자들의 소득감소분을 보전했다. 따라서 풍력발전설비의 운영이나 해체 후에 기존 구조물을 인공어초로 조성해야 한다.

셋째, 지역민, 지자체 및 중앙정부가 공동으로 해상풍력에 투자(community ownership)하도록 허용함으로써 지역소득증대(배정환·안지운, 2007)와 경제활성화를 유도할 수 있다. 과거 네덜란드, 영국, 독일의 노드라인 웨스트 팔리아주(NRW)의 초기 풍력 프로젝트는 지자체가 소유하였으나 향후 지역민의 투자를 권유했다. 이외에도 독일의 시민풍력발전소 역시 주민인 발의자(사업체 혹은 준비위원회)와 지자체, 지역 주민들 간의 협력을 통해 주민들의 출자로 설립되었고 수익에 대한 배당을 받는 구조이며 지방세수가 증대하였다. 덴마크도 코펜하겐 해상풍력단지 건설시 20기의 절반인 10기 발전기가 지역주민 중심의 미텔그룬텐(Middelgrunden) 풍력발전기 협동조합(8,552명 시민) 소유로 운용됨으로써 2007년 1개의 소유권(4,200크로네)당 13% 수익이 발생했다. 또한 스페인 나바르(Navarra) 지역의 풍력발전단지도 지방정부와 민간이 합자하여 자연공원 조성과 풍력단지 인근에 기업유치를 통해 지역에 녹색일자리를 창출했다. 이처럼 소득 및 일자리와 관련하여 스페인 라무엘라 지역의 풍력발전단지 역시 지방정부 주도로 450기의 발전기를 건립한 사업으로 공공 및 민간 부지 사용에 대해 임대료 및 지방세 등 지역에 추가적 소득이 창출되었고 관련 일자리 증가로 지역경제활성화에 기여했다.

---

17) 인근지역인 부안 신재생에너지테마파크 등과 연계하여 풍력에너지 관련 현장학습 지원 및 해상풍력에너지 교육특화지역 선정 등으로 학생들의 풍력에너지 인식 개선 및 장래 풍력전문가 양성 기반 확충 등을 고려할 수 있다.

넷째, 기업의 사회적 책임(CSR)의 관점에서 한국수력원자력(한수원)의 '지역공동체 경영'의 일환인 교육장학사업, 지역경제협력사업 및 스포츠문화사업 등을 참고[18]할 수 있다. 특히 한수원의 지역주민채용할당제와 '발전소주변지역 지원에 관한 법률'을 참고하여 해상풍력사업자 역시 새로운 지원방안의 제시가 필요하다.

---

18) 한국수력원자력은 교육·장학사업으로 원자력과학교실, 지역 주니어공학교실 등을 운영했고, 지역경제협력사업으로 농어업기반조성 및 발전·건설 인력양성사업 등을 추진했고 스포츠문화사업으로 파워펀 클래식 콘서트, 김유정문학상, With 마라톤 대회 등을 주최했다.

## ◆참고문헌◆

김재수, 2004, 『원전추가 건설이 지역에 미치는 영향-울산광역시 울주군 중심으로』, 울산대학교 정책대학원 공공정책전공 석사학위논문 : 1~62.

김형성·김민영·박재필·황성원, 2013, 「갈등관리에서 주요 이해 관계자 도출을 위한 방법론의 모색과 적용-서남해안 해상풍력단지 설치 예정지역을 중심으로」, 『한국자치행정학보』, 27(4) : 77~101.

배정환·안지운, 2007, 『지역 신재생에너지 시설물의 지역사회에 미치는 영향 및 사회적 가치추정』, 에너지경제연구원 : 50~55.

심상렬·오현영, 2012, 『산업연관표의 신재생에너지산업 설정방안 연구』, 에너지경제연구원 : 1~128.

염미경, 2008, 「풍력발전단지 건설과 지역수용성」, 『사회과학연구』, 47: 59~85.

에너지경제연구원, 2014, 『에너지통계월보』, 30-03 : 99~100.

이준행·노용환, 2010, 「인천만 조력발전 경제성 평가: CVM 및 IO 분석」, 『에너지경제연구』, 9(2), 에너지경제연구원 : 43~82.

이춘근, 2006, 『지역산업연관분석론』, 학문사 : 157~170.

이희선, 2010, 「풍력발전의 국내외 사례분석을 통한 주민수용성 향상 방안」, 『환경포럼』, 14(6), 한국환경정책평가연구원 : 1~12.

지식경제부, 2011, 『해상풍력 3대 강국을 위한 첫걸음 내딛어-서남해 2.5GW 해상풍력 종합추진계획 수립 및 협약 체결』, 지식경제부 보도자료.

한만기, 2004, 『강원랜드가 지역경제에 미친 영향-정선군, 사북, 고한, 태백 지역 중심으로』, 경기대학교 관광전문대학원 호텔카지노 컨벤션 석사학위논문 : 1~45.

한국은행, 2007, 『산업연관분석해설』, 한국은행 : 10~159.

한국은행, 2010, 『산업연관분석해설』, 한국은행 : 15~25.

홍정기, 2003, 「급성장하는 풍력 발전 시장」, 『LG 주간경제』, LG경제연구원 : 32~36.

EWEA, 2012, *Green Growth-The Impact of Wind Energy on Jobs and the Economy*, A Report by the European Wind Energy Association : 1~100.

Firestone, Jeremy, Willett Kempton & Andrew Krueger, 2009, "Public Acceptance of Offshore Wind Power Projects in the USA", *Wind energy*, Vol.12(2) : 183~202.

Kammen, Daniel M., Kamal Kapadia & Matthias Fripp, 2004, *Putting Renewables to Work: How Many Jobs can the Clean Energy Industry Generate?*, Energy and Resources Group Goldman School of Public Policy : 1~26.

Logan, Jeffrey & Stan Mark Kaplan, 2008, *Wind power in the United States: Technology, Economic and Policy issues*, CRS Report for Congress : 1~49.

O'Keeffe, Aoife & Claire Hagget, 2012, "An Investigation into the Potential Barriers facing the Development of Offshore Wind Energy in Scotland: Case Study - Firth of Forth Offshore Wind Farm", *Renewable and sustainable energy reviews*, Vol.16(6) : 3711~3721.

Petrova, Maria A., 2013, "NIMBYism Revisited: Public Acceptance of Wind Energy in the United States", *WIREs Clim Change*, Vol.4(6) : 575~601.

Pollin, Robert, Heidi Carrett-Peltier, James Heintz & Helen Scharber, 2008, *Green Recovery - A Program to Create Good Jobs and Start Building a Low-Carbon Economy*, Center for American Progress, Political Economy Research Institute : 1~38.

/제2장/

# 새만금의 해상풍력산업 한중 협력방안

고현정

## Ⅰ. 서론

신재생에너지 가운데 해상풍력 발전은 이산화탄소나 방사선 폐기물과 같은 환경오염 물질을 배출하지 않고 기존의 천연가스나 석탄에 의한 전력 생산단가에 근접하는 장점을 가지고 있다. 이에 따라 세계 각국은 기술적 완성도 및 경제성이 높은 해상풍력 발전에 많은 투자를 확대하고 있다. 특히 육상풍력 발전은 풍력발전 터빈의 대형화에 따른 소음 및 진동, 자연훼손, 시각적인 위협감 등으로 설치장소를 찾기가 어려운 반면, 해상풍력 발전은 해상을 활용한 넓은 규모의 설치 공간 모색이 용이하고 소음이나 진동에 따른 민원문제를 극소화 할 수 있기 때문이다. 그러나 해상풍력 발전단지는 해상에서의 하부구조물 시공, 해상풍력 터빈설치, 유지보수 등을 감안할 때, 투자비용이 육상풍력에 비해 45~50% 정도 더 높은 것이 단점으로 지적되고 있다. 세계 해상풍력 발전은 2012년 기준 5.4GW로 영국, 독일, 덴마크, 벨기에 등의 유럽을 중심으로 설치가 주로 이루어졌으나, 중국과 미국도 지속적으로 투자를 확대하고 있다[1].

우리나라도 해상풍력을 미래 신성장 동력산업으로 육성하고자 투자를 확대하고 있는데, 이는 해상풍력 산업이 전력, 전자, 기계, 전기, 화학, 토목 등이 관련된 종합산업이기 때문에 일자리 창출 및 경제적 파급효과가 높기 때문이다. 국내 서남해안 해상풍력 단지에 설치될 해상터빈 용량은 5MW급이며, 터빈의 로터 블레이드(Rotor Blades) 직경이 126~146m, 중량이 650~860톤, 타워(tower) 높이가 100m에 달하는 중량화물이기 때문에 높은 기술력이 요구된다. 해상풍력 단지를 조성하기 위해서는 육상풍력과 달리 먼저 풍량과 해저 지질 및 지형 조사를 실시하여 적합한 하부구조물의 형태를 선정해야 한다(김지영 외, 2009: 40~45). 다음으로 선정된 형태의 하부구조물을 제작하고 선박을 이용하여 해상 발전단지로 이동시켜 파일기초 해상시공 작업이 이루어진다. 그리고 시공된 하부구조물에 타워를 설치한 후 타워에 해상터빈을 연결하는 작업을 한다. 마지막으로 해상변압기를 시공하여 해저케이블로 전기 계통을 연계하여 육상의 송전소와 연결한다. 최근 설치되는 해상풍력 터빈 용량이 5MW급으로 블레이드 직경 및 타워 길이가 긴 대형 중량화물이기 때문에 해상작업이 어렵고 숙련된 설치 및 유지보수 기술이 요구된다.

해상풍력 발전 관련 선행연구는 해상 풍력 단지 조성 사례를 중심으로 이루어졌다(NREL, 2013; RAVE, 2010; Bis and Stock, 2010; Gerdes at al, 2010). 또한 NoordzeeWind[2](2008)사의 보고서에는 네덜란드의 사례를 소개하고 있다. 근해 해상 발전단지 조성사업인 OWEZ[3] 경우, Monopile 형식의 하부구조물 및 타워 설치 시간은 공사초기에는 2일을 초과하였으나, 학습효과로 인해 9호기부터는 시간을 단축하여 하루에 시공할 수

---

1) World Wind Energy Association, 2013, *World Wind Energy Report 2012*.

2) NoordizeeWind는 전력회사인 Nuon과 석유회사인 Shell의 합작회사(joint venture)임.

3) Offshore Wind farm Egmond aan Zee(OWEZ)사업은 네덜란드 최초의 해상풍력단지 조성 사업으로 Egmond ann Zee 해변 서쪽 약 10km에 위치하고 있으며 베스타스 v90-3.0 발전기 36기가 설치되어 있다. 단지 수심은 15~18m이고 Monopil 기초로 시공되어 있음.

도 있는 것으로 소개되어 있다. 36개의 하부구조물과 타워 시공에 소요된 기간은 총 116일로 1기당 3.2일이 소요되었고, 풍력터빈 설치는 총 79일로 1기당 2.2일이 소요되었다. 하부구조물, 타워, 풍력터빈, 해상전력선 설치를 포함한 전체 공사기간은 총 150일이 소요되었다. 해상 풍력터빈 설치를 위한 전용 항만에 대한 연구도 진행되었는데, 항만 전용 항만 입지선정 관련한 국내 연구는 고현정(2012)이 해상 풍력발전 단지가 효율적으로 조성 및 운영될 수 있도록 지원하는 전용항만의 최적입지를 위한 평가기준을 분석하였다. 그리고 국외의 경우 학술적 연구보다 보고서의 형태로 해상풍력 전용항만(브레머하벤항, 모스틴항, 에스비에르항 등)을 소개하는 수준이다(Aubrey, 2009).

본 연구에서는 우리나라에서 추진되고 있는 서남해안 해상풍력단지의 성공적인 조성을 위해 새만금과 인접한 중국과의 협력 방안을 모색하는 데 있다. 현재 우리나라는 정부 주도하에 세계 3대 해상풍력 강국으로 도약코자 2010년부터 2.5GW 서남해안 해상풍력단지개발 프로젝트를 추진하고 있다. 즉, 2013년까지 부안-영광지역 해상에 100MW 해상풍력 실증단지를 조성한 후, 2016년까지 900MW 시범단지로 확대하고, 2019년까지 1.5GW 해상풍력 단지를 건설하는 계획이다. 서남해안 해상풍력단지 개발은 현재 1단계 일정이 추진되고 있으며, 1단계의 목표는 기술자립 및 산업화를 구축하는 것으로 우리나라의 해상풍력 발전 수준은 아직 초기단계로 볼 수 있다. 따라서 향후 성공적 해상풍력 단지 운영을 위해 다양한 경험과 기술 축적이 요구됨에 따라 국제협력을 통한 발전 방안 모색은 새만금 개발 및 활성화에도 기여할 것으로 사료된다.

## II. 해상풍력 공급사슬 체계

해상풍력 단지를 건설하기 위해서는 하부구조 설치를 위한 해저지질 및 지형조사를 실시하여 적합한 형태의 하부구조를 선정하여 시공한 다음, 해상터터빈을 설치하고 최종적으로 발전계통과 연결하여 육상으로 케이블을 설치하면 단지가 완성된다. 즉 지질 및 지형조사 - 하부구조 제작 - 파일기초 해상시공 - 타워시공 - 터빈시공 - 해상변압기 시공 - 해저케이블 시공의 단계로 진행된다.

〈그림 1〉 해상풍력단지 건설

1. 제조 활동

풍력터빈의 주요 구성품은 타워(Towers), 블레이드(Blades), 허브(Hub), 베어링(Bearings), 메인샤프트(Main shaft), 메인프레임(Main frame), 기어박스(Gearboxes), 제너레이터(Generators), 요우시스템(Yaw system), 피치시스템(Pitch system), 파우어 컨버터(Power converter), 트렌스포머(Transformer), 브레이크 시스템(Brake system), 낫셀 하우징(Nacelle housing), 케이블(Cables), 스크류(Screws) 등으로 구성된다. 블레이드 길이 45.3m, 타워 100m인 REpower MM92 터빈의 비용구조를 보면 타워 27.3%로 가장 비용이 많이 차지하고, 다음으로 블레이드 22.2%, 기어박스 12.91%, 파워컨버터

5.1%, 트랜스포머 3.59%, 제너레이터 3.44% 등으로 차지한다.

　해상풍력터빈에서 기초 구조물, 타워, 접속부(Transition piece)는 터빈 제조사가 자체적으로 생산 가능하다. 그러나 일반적으로 외주업체에게 제작하도록 하여 바지선 등을 이용하여 해상으로 해상풍력단지로 운송된다. 따라서 터빈부품의 조립, 기초 구조물의 제작은 해상풍력단지의 배후부지에서 이루어지는 것이 일반적이다. 해상풍력터빈의 블레이드는 그 길이가 길고, 터빈 비용의 약 20%를 차지하는 부품으로 일반적으로 터빈 제조사가 자체적으로 개발·생산한다. 생산된 블레이드와 낫셀의 조립은 주로 해안가의 조립단지에서 이루어지기 때문에 제조사는 블레이드의 길이를 고려하여 이를 효과적으로 운송하는 과정도 필요하다. 또한 해상풍력터빈의 허브, 메인샤프트, 메인 프레임, 기어박스, 베어링 등도 일반적으로 크기가 크기 때문에 운송비를 최소화하는 것도 중요하다. 해상풍력터빈 부품의 조립과 기초구조물의 제작을 동일 부지에서 수행이 어려울 경우, 바지선 또는 기초구조물 제작 부지로 활용할 수 있으며 기초구조물의 제작 완료 시 배후부지를 거치지 않고 바로 설치 장소로 해상 이송한다.

## 2. 물류 활동

　해상풍력단지를 조성하기 위해서는 대형항만과 물류배후지가 필요하며, 향후 해상풍력 수요가 증가함에 따라 전문적인 인프라 구축이 요구된다. 해상풍력단지 조성에는 전체 비용 가운데 약 25%가 물류비로 구성됨에 따라 비용-효과적인 물류체계 구축이 중요하다. 해상풍력단지 건설은 풍력터빈 제조업체의 위치, 지형여건, 풍력단지의 위치, 배후부지 유무 등에 따라 일반적으로 다음의 3가지로 형태로 이루어지며 각각의 형태에 따라 물류시스템이 달라진다. Pre-assembly at Port utility는 풍력터빈의 부품들이 각지에서 제조되어 항만의 배후부지에 있는 시설로 이송된 후 최종 조립공정을 거쳐 현장으로 해상운송 후 단지를 조성하는 방식이다. Manufacture & Pre-assembly at Port utility는 항만 배후부지에 풍력터빈 부품 제작사들이 집적되어 있어 풍력터빈의 제작 및 조립이 후 동일 지역에서 완성된 후 현장으로 이송되어 단지 조성하는 방식이다. 그리고 Assembly offshore는 풍력터빈 부품들이 현장에 설치된 해상기지로 운송되고 해상기지에서 풍력터빈이 최종 조립된 후 현장에서 단지를 건설하는 방식이다.

<그림 2> 해상풍력단지 조성 방식

| Pre-assembly at Port utility | Manufacture & Pre-assembly at Port utility | Assembly offshore |
|---|---|---|
| 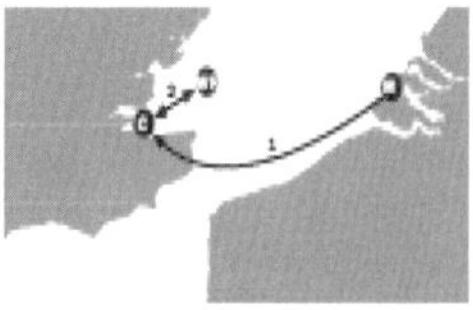 | 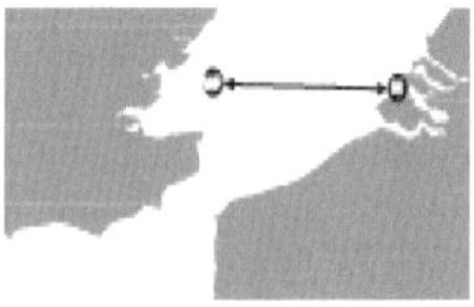 | 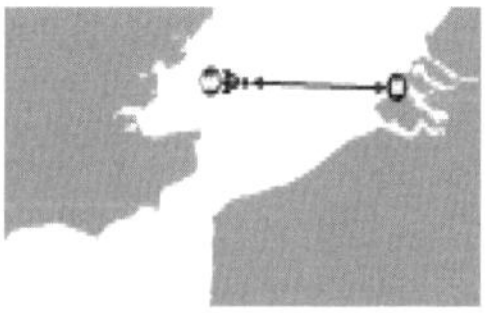 |

해상풍력단지에 풍력터빈을 운송하는 방식은 다음의 3가지 방법이 대표적이며, 물류비, 자연조건 등을 고려하여 최적의 방법이 선택된다. Bunny Ear 방법은 허브와 2개의 블레이드를 조립한 후 타워와 함께 현장으로 이송하여 타워 및 낫셀을 설치하고 남은 한 개의 블레이드를 허브에 연결한다. Horns Rev 방법은 허브에 3개의 블레이드를 모두 연결한 후 낫셀 및 타워와 함께 현장으로 이송하여 설치한다. 그리고 Heavy lift vessel 방법은 배후부지에서 타워, 낫셀, 블레이드, 허브를 조립한 후 터빈 전체를 현장으로 이송하여 Heavy lift vessel을 이용하여 설치한다.

〈그림 3〉 해상풍력 터빈 시공

| Bunny Ear | Horns Rev | Heavy lift vessel |

해상풍력 전용부두는 길이 110m 이상의 블레이드, 타워길이 90m 등을 처리할 수 있는 충분한 공간이 요구되며 다음은 해상풍력전용항만의 기본적인 요건이다(손충렬 외, 2010).

〈표 1〉 해상풍력 전용항만 기본요건

| 구분 | 내용 | 해상풍력 전용부두 |
|---|---|---|
| 운영시간 | 24시간 365일 | |
| 능력 | 연간 100기 처리 | |
| 안벽길이 | 500m | |
| 수심 | 2~3m | |
| 하중 및 길이 | 10.5m | |
| 면적 | 폭 70m, 길이 500m | |
| 공간 | 25ha(250,000m$^2$) | |

## 3. 건설 활동

해상풍력터빈을 설치하기 위한 부품의 이송, 기초시공, 상부 구조물의 설치 등 조성 전반에 걸쳐 모든 작업이 해상에서 이루어짐에 따라 이를 위한 시공 선단의 구성 및 유지관리를 위한 선박의 확보가 요구된다. 하지만 국내는 아직 해상풍력터빈 설치를 위한 특수선박의 경우 아직 보유하고 있지 않다. 하부 기초구조물은 대상지역의 해저 지반상태 및 수심 등의 조건에 따라 모노파일, 중력식, Multi-Leg 또는 자켓식, 부유식 등이 적용될 수 있다(이슈퀘스트, 2011: 203~216).

풍력터빈 설치선박은 화물의 이송 중 또는 Jack up시 구조적 안정성을 유지해야 하며, 조립된 타워 부품은 상대적으로 높은 무게중심을 지니고 있어 이의 안정적 지지를 위해 충분한 선박폭을 확보해야 한다(유럽의 SEA JACK, RESOLUTION같은 선박들은 약 30~40m의 선박폭을 가짐). 선박의 길이는 기능 및 화물 요구사항에 좌우되며 유럽의 설치선박 또는 바지선의 길이는 90~140m 정도이다. 선박의 흘수 혹은 해저면과 수면 사이에 요구되는 이격거리는 만재하중시의 선박 형상 및 중량과 관련이 있으며 유럽 선박의 경우 3.5~5m 흘수를 지니고 있다. 상부 공간은 잭업 바지선의 렉의 길이, 선조립 방법, 크레인의 높이 등을 고려 약 45m 이상 확보하는 것이 안전하다.

크레인의 제원도 충분한 고려가 필요하다. 특히 국내 서남해안 해상풍력단지는 5MW급의 국내산 터빈 설치가 계획되어 있으나, 초기 실증단지는 3MW급 이하의 터빈의 설치 가능성이 높으며 5MW급 터빈은 향후 개발완료 시점에 따라 적용할 수 있을 것으로 보여진다. 모노파일은 대부분 바이브로 해머를 사용하므로 이때 크레인은 300톤에 달하는 바이브로 해머 역시 들어올 수 있어야 한다.

기존 터빈 설치선의 적용된 상부 하중 설계 조건은 약 $1.5ton/m^2$ ~$20ton/m^2$이며 300ton 낫셀을 지지할 경우 약 $4.5ton/m^2$, 일반 화물선의 경우 약 $10ton/m^2$의 설계하중을 적용한다. 그리고 터빈 설치 선박의 신규 제작비용은 약 1.5억~ 2.5억 달러 정도이며, 풍력단지 조성 외에도 항만, 해상교량 등 다양한 해상작업에 적극적으로 활용해야 경제성이 보장될 수 있다. 예인선(Tug Boat)도 필요한데, 비자항식 바지선은 적어도 4,000 또는 5,000hp 급 예인선이 1척 필요하다. 이외에도 준설선, 케이블 설치선, 해양조사선, 토운선(세굴 방지공 포설) 필요하다.

## 4. 유지 및 보수 활동

유지(Operation)작업은 해상풍력단지의 전력생산 성능 및 보수 관리를 지속적으로 모니터링하는 것을 의미한다. 특히 보수작업은 검사(inspection), 낡은 부품 및 고장난 주요부품의 교체 등으로 인한 미리 계획된 활동과 갑작스런 고장(기어박스 고장 특히 베어링 부분, 제너레이터 고장 특히 베어링과 케이블 연결부, 해상 케이블 파손 등)으로 인한 작업으로 나누어진다. 갑작스런 보수작업이 발생할 경우 짧은 시간 내에 작업을 위한 선박 확보와 AS부품의 준비가 중요하게 된다. 현재는 해상풍력단지 운영이 활성화되지 않은 시점이라 주로 터빈의 유지 및 보수작업은 터빈 제조사가 장기간의 계약을 맺고 서비스를 제공하는 형태를 취하고 있으나, 향후 다음의 3가지 형태로 진행될 것으로 전망된다. 첫째, 터빈 제조업체가 해상풍력 개발자와 유지 및 보수작업 계약을 맺고 서비스를 제공하는 방식이다. 둘째, 해상풍력단지 개발자가 유지 및 보수작업을 전문으로 하는 3자(3rd party service provider)에게 위탁하는 방식이다. 셋째, 해상풍력단지 개발자가 자체적으로 유지 및 보수팀을 구성하여 관리하는 방식이다.

유지 및 보수를 위한 선박, 헬기, 모니터링 시설 및 관리동, 전문인력 양성에 대한 체계적인 준비가 필요하다. 해상풍력단지가 조성되면, 정기적인 점검을 위하여 승무원선 또는 헬기를 이용하여 해상단지에 접근하게 되며, 이 때 문제점을 발견하면 보수공사 전용 잭업선을 이용하여 보수공사를 실시한다. 해상풍력 단지의 경우 유지 및 관리(O&M) 비용이 25%를 차지하므로 이를 절감하는 것이 경제성 확보에 있어서 매우 중요하다. 해상풍력 단지 조성 후 시스템 회사와 발전사업자간의 긴밀한 협력을 통해 운영 및 유지 보수 전략을 세우고 고장 감시 장치 개발 및 적용을 통해 고장을 사전 예방하며, 고장 및 사고 발생 시 신속히 조치할 수 있도록 해야 한다.


## III. 한중 해상풍력 동향

### 1. 한국

#### 1) 서남해안 해상풍력단지

국내 풍력발전은 1980년대 후반부터 기초연구 및 소형풍력터빈의 연구를 시작으로 1992년 육상에 최초로 풍력발전시설을 설치하였다. 당시에는 30kW급 및 750kW급을 상용화하여 육상풍력발전 위주로 성장하였다. 그 후 1.5MW급 및 3MW급의 대형 풍력터빈의 개발로 해상풍력발전단지 개발이 가능하게 되었다. 따라서 정부는 2008년부터 2년 동안 국내 해상을 대상으로 풍황, 수심, 계통연계 조건, 해안과의 이격거리, 변전소 이격거리, 확장성 등을 조사하여 서남해안권중 부안-영광지역 해상을 최적지로 선정하였다. 동 지역 해상의 바람 등급 Class 3(6.9~7.5m/s), 수심 20m 이내, 변전소 이격거리 15km로 300MW 이상의 대규모 단지개발이 가능한 지역이다. 2010년 11월 산업통상자원부는 서남해안 해상풍력단지 개발 로드맵, 즉 실증단지 조성을 시작으로 2019년까지 3단계로 나누어 총 2.5GW 규모의 대규모 해상풍력발전단지 건설 계획을 발표하였다(유재호, 2010: 56~59).

서남해안 해상풍력단지 개발은 2019년까지 세계 3대 해상풍력 강국으로 도약하기 위해 민관 합동으로 9.2조 원을 투자하는 사업이다. 1단계로 2013년까지 100MW(5MW급 20기) 실증단지를 건설하여 Track Record 확보에 중점을 두고 민관 합동으로 6,036억 원을 투자한다. 2단계는 2016년까지 900MW(5MW급 180기) 시범단지를 건설하고자 민관 합동으로 3조

254억 원을 투자할 계획이다. 마지막 3단계는 2019년까지 1,500MW(5MW급 300기)를 추가 건설하는 것으로 민간자본 5조 6,300억 원을 투자하는 것이다. 그리고 전력계통은 1·2단계는 전북 고창변전소로, 3단계는 새만금 변전소로 연결할 계획이다. 총 투자 규모 가운데 정부는 해상구조물 등의 기술개발에 290억 원을 지원하고, 민간에서 발전기 개발 및 설치, 지지구조물 설치, 계통연계 등 대부분의 예산을 투자한다는 계획이다.

정부는 서남해안 해상풍력단지 개발을 전담하는 해상풍력추진단을 2010년 12월 16일 발족하였다. 주요 업무는 해상풍력의 조속한 추진을 위해 관련 제도를 발굴할 뿐만 아니라, 해당 지자체 관련 인·허가 및 제도개선 업무를 지원하는 역할을 한다. 또한 범국가적인 차원에서 지원이 필요한 기술을 파악하고 연구·개발하여 원천기술을 확보하며, 최적의 기기운영 결과를 도출하는 업무 등 전 영역에 걸쳐 지원업무를 수행한다.

〈그림 4〉 서남해안 해상풍력단지 개요

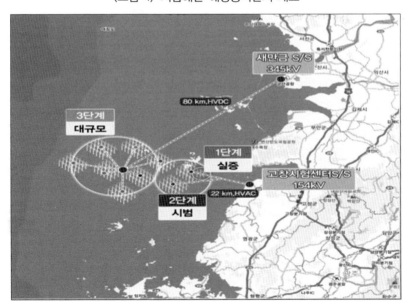

<표 2> 한국의 해상풍력기술 개발계획

| 1단계(~2010)<br>기술자립 및 산업화 구축 | 2단계(2011~2020)<br>가격저감화 기술 개발 | 3단계(2021~2030)<br>산업화 저변확대 |
|---|---|---|
| • 2~3MW 육 · 해상 풍력발전<br>시스템 개발 및 실증 | • 10MW 해상풍력발전시스템<br>개발 | • 10MW 이상 부유식 대형<br>해상풍력 시스템 |
| • 5MW 풍력발전시스템 개발 | • 일체형 블레이드 성형기술 | • 고공 풍력 활용 시스템 |
| • 국산화 익형 및 고효율<br>블레이드기반기술 | • 레이더 간섭회피기술 | • 대용량 풍력발전기<br>하이브리드 발전기술 |
| • 증속기 경량화 기술, 대형<br>영구자석 발전기 | • 부유식 해상 기초기술 | • 풍력 예보기반 다국 간<br>계통운영 기술 |
| • 육 · 해상 풍력자원지도<br>구축 및 중대형 복합발전<br>저소음화 기술 | • 풍력 · 수소 하이브리드<br>연계 및 예보단지 운영<br>기술 | • 빌딩 적용형 소형<br>풍력발전 시스템 |

2) 새만금 해상풍력산업

새만금이 위치한 전라북도는 녹색성장 산업을 견인하고 글로벌 경쟁력을 강화하고자 수출거점화를 위해 "동북아 풍력산업의 허브 구축"이라는 비전을 설정하고 2020년까지 세계적인 풍력산업 클러스터를 조성하여 녹색산업의 글로벌 메카로 성장하는 것을 목표로 설정하였다. 특히 새만금 지역에 대규모 풍력산업단지를 조성중이며 국내 최대 생산규모의 제조기업인 현대중공업이 새만금에 총 1,057억 원을 투자한 풍력공장을 2009년에 준공하였다. 동 시설은 1.65MW급 풍력발전기 생산 체제를 갖추고 있으며, 국내 최대 규모인 연간 600MW 규모의 생산 능력을 보유하고 있다. 또한 해상풍력 관련 국내 유일의 블레이드 회사인 KM과 데크항공, 풍력부품을 생산하는 캐스코, JY중공업, 세아베스틸, KB중공업 등이 새만금 지역에 입지하고 있다.

〈표 3〉 전북의 해상풍력 관련 업체

| 부품명 | 기업 | 내용 | 지역 |
|---|---|---|---|
| 대형풍력발전기 | 현대중공업 | 2MW급, 5MW급 생산 예정(2011년)<br>현재 600MW에서 2013년까지 800MW 규모로 확대 예정 | 군산 |
| 블레이드 | ㈜KM | 750KW, 2MW, 3MW | 군산 |
| 블레이드 | ㈜데크 | 2MW | 완주 |
| 풍력발전 타워 | 케스코 | Tower, Casting 주조품 전량 납품 | 정읍 |
| 소형풍력시스템 | ㈜코윈텍 | 듀얼 로터 풍력시스템 1.0KW | 전주 |

해상풍력 연구기관으로 부안 신재생에너지단지 내에 한국산업기술시험원, 한국에너지기술원, 한국기계연구원, 소재개발센터 등 관련 기관들이 집적화되어 기술지원 활동 면에서도 매우 유리한 입지를 점하고 있다. 또한 새만금풍력시범단지 착공 등 실현 가능한 풍력사업이 착실히 추진되어가고 있고, 정부의 서남해 2.5GW 해상풍력단지조성과 연계해 군산항에 해상풍력 배후물류단지를 조성하고 있다(유한나, 2012. 52~54). 특히 2019년까지 영광 안마도와 부안 위도 해상에 조성하는 서남해안 해상풍력단지 조성에 있어서도 이미 풍력발전의 핵심시설인 송전선로까지 확보하고 있다.

〈표 4〉 전북의 해상풍력 관련 연구소

| 연구소명 | 소속 | 연구분야 |
|---|---|---|
| 도시형풍력발전원천기술센터 | 군산대 | 소형풍력발전원천기술개발 |
| 풍력기술실증센터 | 한국기계연구원 | 풍력발전시스템실증연구 |
| 차세대풍력발전연구센터 | 전북대 | 차세대풍력발전시스템연구개발 |
| 신재생에너지인재양성센터 | 전북대 | 풍력핵심기술인력양성 |

전북도는 산업통상자원부 해상풍력 기반구축사업으로 진행되는 지원 항만 조속 추진과 이를 활용한 기업유치 및 풍력 O&M 산업 육성을 추진하고 있으며, 부안신재생에너지 단지 내 풍력센터 풍력시스템 모듈 및 시스템 시험 평가 기반 조성으로 기존 블레이드 시험평가 용량 확대 조성(5MW → 7MW)과 블레이드 비파괴 평가 국제 표준화 기술개발 및 조성을 마련하고 있다. 또한 대학 중심의 고급인력양성 및 대학 정규학과 개설을 추진하고 있으며(전북대, 군산대 진행 중인 5개 인력양성 사업), 대학연구소를 통해 기능 및 전문인력 양성과 더불어 실업고, 직업훈련원, 폴리텍 등을 활용한 현장인력을 양성할 계획이다.


## 2. 중국

중국은 단일국가로 풍력발전 설치 세계 1위를 차지하고 있으며 2008년 이후 해상풍력 발전 계획을 진행하였다. 중국 정부의 '풍력발전 12.5 계획'과 '중국 풍력발전로드맵 2050'을 바탕으로 설정된 연해 각 성(시)의 성과목표를 종합하면 2015년까지 15.7GW, 2020년에는 33.7GW 설비용량을 목표로 하고 있다. 2009년 중국의 국가에너지관리국은 해안에 위치한 11개 지역정부에 2020년까지 해상풍력발전 계획서를 제출하도록 하였고, 2010년 아시아에서 최초로 상해 연안에 102MW(3MW × 34기)의 동하이대교 해상풍력 단지를 완공하였다. 또한 요녕성, 하북성, 천진, 산동성, 강소성, 상해, 절강성, 복건성, 광동성, 광서성, 해남성 등 11개성을 중심으로 대규모 해상풍력 단지를 계획하고 있다. 중국은 향후 해상풍력발전 10대 강국을 목표로 사업을 추진하고 있다.

〈그림 5〉 중국의 해상풍력단지 위치

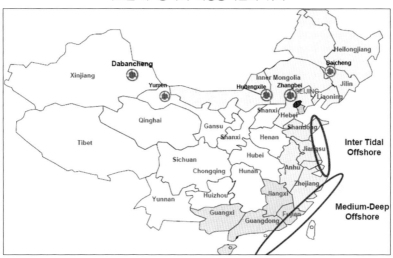

중국의 첫 번째 해상풍력발전 프로젝트는 따탕그룹 산하의 따탕신에 너지원 유한책임회사가 빈하이시 30만KW, 전력투자그룹 산하의 중국전 력투자 유한공사가 서양시 30만KW, 국가전망공사 산하의 샨동루넝그룹 유한공사가 동타이시 20만KW, 국가전력그룹 산하의 룽위앤전력그룹 유 한책임회사가 따펑시 20만KW 사업을 추진하고 있다. 중국기업 또는 중 외합작으로 참여가능하며 4개 사업 가운데 30만KW의 빈하이시 및 서양 시는 근해 풍력발전 사업이며, 20만KW의 따펑시 및 둥타이시는 조력발 전 사업이다. 그리고 중국은 영국과 해상풍력관련 MOU[4]를 체결하였 고, 주요 내용은 양국의 기술적, 시장장애 요소를 제거하여 풍력발전개 발을 촉진시키고 상호투자를 활성화하자는 것이다. 즉 양국은 정책개발 을 공유하고 기술이전을 촉진, 인력훈련, 시장접근성을 개선시키고, 특 히 영국 해상풍력발전사업에 필요한 재원 (2020년까지 7,000만 £)을 조

---

4) 영국 에너지기후변화국(Energy and Climate Change) 국장 Edward Davey와 중국에너지국 (National Energy Administration) 국장 Wu XinXiong가 서명함.

달하기 위해 중국의 투자를 희망하고 있다.

### 1) 상하이

상하이가 위치한 발해만 지역은 풍력밀도가 비교적 커 태풍의 영향을 적게 받아 적합한 지역으로 평가되고 있다. 중국 최초의 10만KW 해상풍력발전소인 상해동하이대교 발전단지는 상해 20여만 가정의 연간 전력수급을 충족시킬 수 있는 규모이다. 이는 매년 10만 톤의 석탄을 절약하고 20만 톤의 이산화탄소 배출을 절감하게 되었다. 또한 상해는 펑시엔구에 10만KW급, 푸동구에 40만KW급 해상풍력단지를 조성하고 있다. 상해동해대교 해상풍력 에너지 사업의 규모는 총 102MW의 용량이며, 총 34대(3MW) 풍력터빈을 설치하고 2010년 6월 그리드에 연결하였다.

### 2) 강소성

강소성은 중국에서 경제가 발달한 지역으로 전력 수요가 왕성하여 풍력에너지 수요시장으로서의 잠재력을 보유하고 있다. 특히 화석에너지 소모가 비교적 많은 지역인 바, 미래 화석에너지 단가 상승으로 인한 에너지 리스크는 강소성의 풍력에너지 산업발달을 촉발하였다. 강소성은 경제, 교육, 과학기술 수준이 높고, 연구개발 분위기 및 인재도 풍부한 장점이 있다. 즉 대학이 약 122개, 대학생 165만 명, 대학원생 11만 명으로 중국에서 가장 많은 수준이다. 이 가운데 풍력에너지 기술연구학교, 동남대학이 잘 알려져 있으며, 허해대학은 풍력 및 동력공정학과를 설립하여 매년 약 100명의 풍력에너지 관련 전공자를 배출하고 있다.

강소성의 연운항, 염성, 남통 등의 지역은 풍력에너지 사업이 발전한 도시로, 루동, 향수, 대풍, 동태, 연운항 풍력발전소 등의 풍력발전소가 가동 중에 있다. 풍력에너지 관련기업은 약 150개로 추정되며 주로 남경(南京), 창주(常州), 무석(无锡), 남통(南通), 염성(盐城), 연운항(连云港)

등의 지역에 집중되어 있다. 이들 기업은 풍력 본체, 블레이드, 기어박스 등 풍력발전 설비의 부속품까지 대부분의 부속품을 국산화시켜 풍력발전 산업에 기여하고 있다.

　강소성 난통시는 해안선이 길고 풍속 및 풍력이 해안선과 평행을 이루면서 풍향이 안정되어 있고, 연해간석지가 평판하여 연해 풍력단지 개발에 유리한 조건을 갖고 있다. 난통시는 적극적으로 신재생에너지 산업의 발전에 주력하고 있으며, Dongyuan그룹, Xian연성주철, 강소tongda동력, 난통WellMotor, 통주Jinchi등의 기업이 풍력발전 사업에 참여하고 있다. 특히 난통kailian풍력기업은 대형풍력발전기의 연구개발, 제조, 판매, 설치를 담당하는 전문기업이며, 칭화대학과 제휴하여 2MW의 풍력에너지 설비를 개발하여 독립적인 지적재산권을 보유하고 있다. 그리고 해상풍력발전 단지 가운데 강소성의 옌청에는 국가에너지 해상풍력기술설비연구센터가 설립되어 있고, 중국의 대표 풍력발전기업인 화루이 풍력발전산업단지가 소재해 중국의 대표 발전기지로 인식되고 있다.

　3) 광동성

　광동성 루펭 근해에는 200위안을 투입하여 8GW 규모의 거대 해상풍력반전 단지를 건설할 계획이다. 동 사업은 240㎢ 면적에 풍력터빈이 설치될 예정이며 이는 중국 내 가장 큰 해상용 발전소로 소개되고 있다. 특히 이 지역은 아열대 우기 지역으로 바람의 방향성이 일정해 풍력발전에 좋은 조건을 지니고 있는 것으로 평가되고 있다.

## IV. 한중 해상풍력 협력방안

### 1. 한중 국제분업화 체계 구축

해상풍력 전용항만이 건설될 군산항 인근 산업단지에는 조선소는 물론이고 풍력발전기 생산업체, 기계부품, 해양플랜트 생산 공장이 밀집돼 있다. 특히 풍력산업의 경우 핵심 부품인 터빈, 블레이드, 타워 생산기업이 모두 입주하고 있어 해상풍력 산업의 클러스터 구축이 용이하다. 또한 5MW급 해상풍력시스템 부품 가운데 블레이드, 타워, 하부구조물은 부피가 크고 중량이기 때문에 항만 인근에 자연스럽게 관련 기업이 입주 할 수밖에 없다. 따라서 한국에는 해상풍력 클러스터가 인접한 군산·새만금 지역에 형성되고, 중국에는 동쪽 해안선을 따라 해상풍력단지가 조성됨에 따라 양국 간 국제분업화를 구축한다면 경제적으로 해상풍력단지를 조성할 수 있다. 이는 신재생에너지를 저렴하게 생산하여 국민에게 제공할 수 있다는 의미이다.

최근 군산시는 중국 청도시와 신재생에너지 산업인 풍력산업 활성화를 위하여 풍력관련 전문가 교류 및 기술협력을 제의하였다. 또한 중국 산동성 동영시 경제사절단은 군산시를 방문해 경제협력 파트너 협약을 체결하였다. 즉 해상풍력을 포함한 경제단체 및 기업 간 다양한 실무교류를 통해 밀접한 경제무역 협력관계를 구축하는 것이다. 그리고 중국 강소성의 옌청시는 풍력자원이 풍부하여 해상의 싼샤(三峽)를 목표로 하고 있다. 강소성의 2,100만KW 풍력자원 중에서 70%가 옌청에 집중되어 있고, 풍력발전소를 이용해 풍력제조업의 발전을 도모하고 있다. 5개의 풍력발전소는 현재 건설 중이며, 이미 완공된 풍력발전소는 연간 36억KW의 전기를 생산하고 있다. 따라서 이들 지역과도 국제분업화 협력체계를 구축하는 노력도 필요하다.

전라북도는 전략산업 10개 분야를 선정하여 환황해권 녹색성장의 거점으로 도약하는 비전을 설정하고, 3대 추진전략으로 기업유치 및 육성, R&D 역량강화, 전문인력 양성을 마련하였다. 특히 전북은 2020년까지 동북아 신재생에너지 메카를 실현하는 비전을 설정하고 있다. 새만금풍력산업 클러스터에는 44개 기업 유치를 추진하고 있으며, 해상풍력 가치사슬(value chain)을 구성하고 있는 제조사, 물류업체, 지원업체 등 다양한 산업들이 클러스터를 형성하게 될 것으로 국제분업화에 있어 구심적 역할이 가능하다.

중국에도 국제 풍력발전 대형기업인 VESTAS는 2009년 천진에 세계 최대 규모의 생산기지를 건설하고 2010년 중국 내 R&D센터를 설립하였다. VESTAS는 이미 V112라는 3MW 풍력터빈기를 생산하고 있다. 또한 GE는 하얼빈 전기집단공사와 합작으로 강소서 쩐장에 하띠엔 통용풍력 유한공사를 설립하였다. GE는 현재 1.5~4MW 직접구동 영구자석 풍력터빈 기술을 보유하고 있으며, 합작회사는 3.5MW 직접구동 영구자석 풍력터빈을 생산하고 있다.

〈표 5〉 중국의 주요 해상풍력터빈 생산기업

| 구분 | 국적 | 주요 현황 |
|---|---|---|
| 화루이 풍력발전 | 중국 | - 중국에서 최대 공률(5MW) 해상풍력발전기 R&D<br>- 현재 중국 해상풍력 발전시장에서 최대 점유율 차지 |
| 진펑 과학기술 | 중국 | - 전체 발전용량이 중국 최대인 풍력발전 기업<br>- 영구자석 직접 구동기술을 적용해 중국의 해상풍력 발전 수요에 더욱 적합 |
| VESTAS | 덴마크 | - 중국에 풍력발전기 생산기지와 R&D 센터 설립<br>- 중국 해상풍력 발전시장에 적합한 기종을 출시 |
| GE | 미국 | - 중국 본토기업과 합작해 영구자석 직접구동 풍력발전기 생산에 주력 |

## 2. 군산항 해상풍력 물류거점화

군산항은 환황해권의 중심에 위치하여 중국의 동해와 인접해 있으며, 해상풍력 전용항만이 건설될 군산항 75번 선석은 육상으로부터 500m까지 매립되어 있는 상태이며, 2020년까지 개발예정항만은 75번 선석을 포함하여 총 7선석, 선석길이 총 1,720m이다. 군산항 75번 선석의 적치장 면적이 126,000㎡, 부두길이 210m, 수심 15m로 해상풍력 전용항만 운영에 필요한 모든 요건을 충분히 갖추고 있다. 군산항은 연중 해상작업 가능일이 82% 수준으로 양호한 환경적 조건을 지니고 있다. 강수량은 하루 30mm에서 최대 260mm, 평균 풍속은 3.9m/sec로 최대풍속은 31.7m/sec, 기상조건에 의한 해상 작업불가 일수는 연중 66.7일로 약 2개월에 해당된다. 또한 국내적으로 군산항은 전북과 충남 일부 세력권과의 연계성 및 접근성이 뛰어나며 중국과도 인접한 장점을 지니고 있다.

특히 군산항 인근에 풍력기업들이 입주해 있어 집적화가 용이하다. 현재 현대중공업, 케이엠, 데크항공 등 풍력기업이 이미 입주되어 있어 풍력클러스터 활성화를 위한 집적화 추진이 가속화 될 수 있다. 그리고 장래 새만금산업단지 조성에 따라 풍력기업, 연구소 등 풍력산업을 체계적으로 집적화 할 수 있어서 풍력클러스터 확장 가능성 또한 용이한 장점이 있다. 특히 군산항과 인접한 새만금은 동북아의 신경제거점으로 정부의 다양한 사업이 추진되고 있고 중국, 일본, 러시아 등 거대시장과 인접하여 특히 중국 동해안 경제특구에서 최단거리에 위치하고 있으며, 대규모 부지와 광역교통망이 구축되어 있는 등 부대시설 활용의 편의성 부분에 강점이 있다. 새만금산업지구에 생산·R&D·국제업무기능 등이 공존하는 동북아의 산업생산 거점을 구축하는 사업이다. 위치는 새만금 4호방조제 동측(군산2 국가산업단지 남측)이고, 개발면적은 1,870ha이다.

〈그림 6〉 해상풍력 전용항만 기능

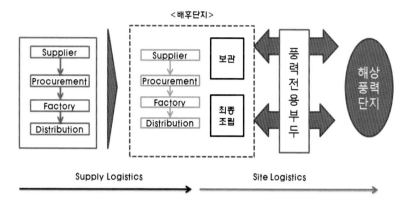

## 3. 해상풍력 한중 전문인력 교류

정부는 2009년 제2차 지역발전위원에서 각 도시를 5+2 광역경제권으로 설정하고, 경제·산업적 연계관계를 복원하여 지식의 창출-확산-활용 시스템을 활성화하고, 광역경제권 단위의 핵심산업군을 중심으로 경쟁력 있는 산업클러스터를 육성하는 방안을 추진하고 있다. 군산항이 입지한 호남권의 발전 비전은 "21세기 문화예술과 친환경 녹색성장이 창조지역"이며, 이를 위해 친환경녹색산업거점 육성, 문화예술과 해양생태 관광육성, 지식창출 기능 고도화, 통합인프라 구축, 풍요롭고 살기 좋은 녹색공동체를 달성하겠다는 목표를 설정하고 있다.

호남권의 1단계 선도산업은 신재생에너지와 광소재가 선정되었고, 2단계는 친환경 차량부품이 포함된다. 특히 정부는 2단계 사업의 연구개발(R&D) 과제를 고용성과를 중심으로 평가하는 '고용창출형 R&D'로 전면 전환하고 석·박사급 연구인력 채용을 조건으로 하는 채용조건부 R&D를 전체 R&D사업의 10% 규모로 시범 도입할 예정이다. 현재 선도산업 활성화를 위해 풍력 R&D 지원 사업으로 부안 신재생에너지단지

풍력시험동, 전북대 풍력에너지 전력망 적응 기술연구센터, 군산대 도시형 풍력발전기술연구센터를 유치하여 추진되고 있다.

- 광역권 신재생에너지인재육성센터 (전북대, '09~'12/연간 20명)
- 풍력 전력그리드 연계기술 인력양성 (군산대, '10~'14/연간 25명)
- 풍력 터빈 및 해상구조물 인력양성 (전북대, '11~'15/연간 20명)
- 군산 풍력발전기 활용 유지보수 인력양성 (군산대, '11/연간 12명)
- 에너지인력양성사업(군산대, '12~'17, 31억 6,000만 원 지원)

특히, 지식경제부로부터 선정된 군산대 인력양성사업인 에너지인력양성사업은 해양지반연동 풍력시스템 및 발전단지 제어 최적화 고급트랙이며, 해양지반특성을 고려한 풍력시스템 및 제어 R&D 분야를 선도할 현장 맞춤형 석박사 고급 전문인력 양성을 목적으로 하고 있다. 동 사업은 해양구조물 분야의 융복합 기술개발과 신재생에너지 융복합 연계전공 대학원 과정을 신설하고, 해양지반연동 풍력시스템팀과 발전단지 제어 최적화팀 등 2개의 융복합 연구팀을 통합 및 운영하게 된다. 이 사업에 참여하는 기관 및 기업은 전북도청, 군산시청, 데크항공, 우진산전 등 7곳이며, 현대중공업(주), 이엠티(유) 등 도내 36개 기업이 이 사업의 수요기관이 될 것으로 예상된다. 따라서 국내의 우수한 인재와 환황해권 해상풍력단지를 조성 및 운영하는 다양한 글로벌 전문인력 양성 및 교류 프로그램에 대한 협력 체계를 구축할 수 있다.


## V. 결론

신재생에너지 가운데 해상풍력 발전은 기술적 완성도 및 경제성이 높아 세계 각국은 해상풍력산업에 많은 투자를 확대하고 있다. 이는 풍력발전 터빈의 대형화에 따른 소음 및 진동, 자연훼손, 시각적인 위협감 등으로 설치장소를 찾기가 어려우나 해상을 활용한 넓은 규모의 설치공간 모색이 용이하고 민원문제를 극소화 할 수 있기 때문이다. 현재 영국, 덴마크 등의 유럽을 중심으로 해상풍력 터빈 설치가 주로 이루어지고 있으나 단일 국가로서 중국은 최대 해상풍력 시스템 설치 국가로 부상하고 있다.

우리나라도 풍력산업을 미래 신성장 동력산업으로 설정하고, 국가에너지 기본계획을 통해 서남해 2.5GW 해상풍력발전단지 조성 로드맵을 발표하였다. 또한 정부는 설치될 5MW급 거대 중량물인 해상풍력 터빈의 부품을 보관·조립하고, 현장에 설치하기 위한 지원항만으로 군산항을 지정하였다. 이는 새만금 지역에 해상풍력산업 관련 기업들이 입주하여 부품 제작, 조립, 운송이 원스톱으로 제공할 수 있는 장점이 있기 때문이다. 향후 군산항은 서남해 2.5GW 해상풍력사업의 거점 물류기지, 풍력산업 수출전진기지로서의 핵심 역할을 담당하게 된다.

특히 정부의 국책사업으로 추진되고 있는 새만금 권역은 지정학적으로 환황해권의 중심부에 위치하고 미래 동북아 신경제 중심지, 즉 녹색성장과 청정생태환경을 대표하는 글로벌 명품지역으로 육성하려는 의지가 녹아있는 지역이다. 새만금 권역에는 군산항 7개 부두에서 컨테이너, 자동차, 양곡, 목재, 잡화 등의 화물을 처리하고 있다. 그리고 새만금 신항5)은 광역경제권 지원 및 환황해권 물류·레저·관광 기능을 수행하는 복합항만으로 2030년까지 18선석이 개발된다. 특히 친수공간 확보와 해수 흐름 측면에서 유리한 인공섬 방식으로 개발하여 여의도 1.7배에 달하는 488만㎡의 배후부지를 확보할 계획이다. 따라서 군산항 및 새만금 신항은 중국과 인접하여 중국과의 수출입 거점과 일본을 연계하

---

5) 고현정·조성우(2012),「부가가치 극대화를 위한 새만금 신항의 발전방안에 관한 연구」, 『해양비즈니스』, 23.

는 기능의 역할에 유리한 지정학점 이점이 있는 바, 환황해권 국제분업화 체계에서 그 역할이 강조될 것으로 기대하고 있다. 해상풍력 전용항만이 건설될 군산항은 환황해권의 중심에 위치하고, 군산항 인근에 현대중공업, 케이엠, 데크항공 등 풍력기업이 이미 입주해 있어 풍력클러스터 형성에 용이한 장점이 있다.

중국은 재생가능에너지발전 계획에서 2020년 해상풍력발전 규모는 1,000만KW가 넘을 것으로 전망되고 있다. 2009년 중국의 국가에너지관리국은 해안에 위치한 11개 지역정부에 2020년 목표로 해상풍력발전 계획서를 제출하도록 하였고, 중국 동쪽 연안을 따라 요녕성, 하북성, 천진, 산동성, 강소성, 상해, 절강성, 복건성, 광동성, 광서성, 해남성 등 11개성을 중심으로 대규모 해상풍력 단지를 계획하였다. 따라서 중국의 동부 해안에 건설되고 있는 해상풍력단지와 인접한 새만금은 한중간 협력 체계 구축에 유리한 입지를 점하고 있다. 이를 위해 본 연구는 환황해권 협력방안으로 세 가지를 제시하였다.

첫째, 군산항을 환황해권 해상풍력 물류거점으로 활용하는 방안이다. 군산항은 적치장 면적이 126,000㎡, 부두길이 210m, 수심 15m로 해상풍력 전용항만 운영에 필요한 모든 요건을 갖추고 있다. 기상조건에 의한 해상 작업불가 일수는 연중 66.7일로 약 2개월에 불과하며 국내적으로 군산항은 전북과 충남 일부 세력권과의 연계성 및 접근성이 뛰어나며 중국과도 인접한 장점을 지니고 있기 때문이다.

둘째, 해상풍력시스템 한중 국제분업화 협력 체계 구축 방안이다. 해상풍력 전용항만이 건설될 군산항 인근 산업단지에는 조선소는 물론이고 풍력발전기 생산업체, 기계부품, 해양플랜트 생산 공장이 밀집돼 있다. 그리고 중국에는 동쪽 해안선을 따라 해상풍력단지가 조성됨에 따라 양국간 국제분업화를 구축한다면 경제적으로 해상풍력단지를 조성할 수 있다. 이는 신재생에너지를 저렴하게 생산하여 국민에게 제공할 수 있다는 의미이다.

셋째, 해상풍력 글로벌 전문인력 양성 및 교류 방안이다. 군산항이 위치한 전북에는 풍력 R&D 지원사업인 전북대의 신재생에너지인재육성센터와 풍력터빈 및 해상구조물 인력양성, 군산대의 풍력 전력그리드 연계기술 인력양성, 해양지반연동 풍력시스템 및 발전단지 제어 최적화 고급트랙 등이 추진되고 있다. 따라서 국내의 우수한 인재와 환황해권 해상풍력단지를 조성 및 운영하는 다양한 글로벌 전문인력 양성 및 교류 프로그램에 대한 협력 체계를 구축할 수 있다.

따라서 본 연구는 국내적으로 서남해안 해상풍력단지를 조성하고 경제적으로 운영하기 위해 다양한 경험과 기술 축적이 요구됨에 따라 국제협력을 통한 발전 방안 모색은 국내의 해상풍력 산업발전 뿐만 아니라 새만금 개발 및 활성화에도 기여할 것으로 사료된다.

◆참고문헌◆

고현정, 2012, 「해상풍력 전용항만 입지선정 평가항목에 관한 연구」, 『한국 항만경제학회지』, 28(3), 27~44.

고현정·조성우, 2012, 「부가가치 극대화를 위한 새만금 신항의 발전방안에 관한 연구」, 『해양비즈니스』, 23 : 157~180.

김지영·강금석·오기용·이준신·유무성, 2009, 「국내 해역의 해상풍력 가 능자원 평가 및 예비부지 선정」, 『한국신재생에너지학회지』, 5(2) : 39~47.

산업통장자원부, 2010, 「해상풍력 추진 로드맵」 발표 행사(11.2), 장소: 전남 영광 원자력 발전소.

손충렬·이강수·김만응·김건훈·황병선 외 8인, 2010, 『해상풍력발전』, 경 기도: 아진.

유재호, 2010, 「해상풍력 추진 로드맵」, 『전기저널,』408(12) : 56~59.

유한나, 2012, 「해상풍력 배후항만 유치경쟁, 전북 VS 전남 각축전」, 『해양한 국』, 7 : 52~54.

이슈퀘스트, 2011, 「해상플랜트 해상풍력 시장 실태와 전망」, 서울: 이슈퀘스트.

100MW offshore wind farm project of Shanghai's Donghai Bridge passed the acceptance check, 2011, *BJX News.* http://news.bjx.com.cn/html/20110404/ 276698.shtml

Aubrey, C., 2009, "Europe's ports compete for new offshore wind business", *Wind Directions*, September : 46~48.

Bis, I. and Stock, C., 2010, "Using collaborative virtual environments to plan wind energy installation", *Renewable Energy*, 35(10) : 2348~2355.

European Wind Energy Association, 2009, *Oceans of opportunity − EWEA Offshore Report 2009.*

Gerdes, G., Tiedemann, A., and Zeelenberg, S., 2010, *Case study: European Offshore Wind Farms*. http://www.offshore-power.net

Global Wind Energy Council, 2011, *Global Wind Energy Outlook 2011*, http://www.gwec.net

Liu Y, Kokko A, 2010, "Wind power in China: policy and development challenges", *Energy Policy*, 38 : 5520~5529.

National Renewable Energy Laboratory, 2013, *Installation, Operation, and Maintenance Strategies to Reduce the Cost of Offshore Wind Energy*.

NoordzeeWind, 2008, *Off shore Windfarm Egmond aan Zee General Report*.

RAVE: Research at Alpha Ventus, 2010, *Interaktive Offshore-Windenergie Karte von Europa*. http://rave.iset.uni-kassel.de

World Wind Energy Association, 2013, *World Wind Energy Report 2012*.

# 제3장

# 서남해안 해상풍력단지 설치와 지역주민의 수용성

김형성 · 김민영 · 황성원 · 박재필

## Ⅰ. 서론

서남해안 해상풍력단지 설치에 대한 발표는 그간 대부분의 국책사업 결정과 집행과정과 유사하며 이러한 정책결정과정은 정책을 집행하는 데는 매우 많은 집행비용이 들것으로 예상되고 있다.[1] 왜냐하면 현재 지역주민(특히, 어민)들은 해상풍력단지 설치에 긍정적인 인식을 하고 있지 않기 때문이다(김형성 등, 2013a; 2013b; 2013c : 78).[2] 이에 대한 가장 근본적인 이유로는 기존의 국책사업-부안 방폐장, 새만금, 영광원전 등-이 지역사회에 부정적인 영향을 미쳤다는 인식 때문이다.

주지하듯이 기존의 풍력발전소, 조력발전소, 원자력발전소 등 발전소 설치에 있어서 지역주민과의 심각한 갈등이 있었고, 그 결과 발전소 건

---

[1] 여기에서 집행비용이란 정책을 실제로 집행하는데 드는 사업비용과 더불어 정책을 집행할 때 다양한 이해관계자들을 설득하기 위하여 소요되는 시간 등을 비용으로 고려한 것이다. 따라서 단순히 비용이 아니라 정책집행 시 소요되는 다양한 자원들을 총칭한 개념이다.

[2] 이러한 결과는 여러 차례 지역 주민 및 어촌계관계자, 수협관계, 공무원들의 인터뷰로 부터 도출되었다.

설 지연을 경험한 한국전력 등 해상풍력단지 설치 주체 측에서 서남해
안 해상풍력단지 설치에 있어서 지역주민들의 수용성을 높이기 위한 방
안 모색을 위해 큰 관심을 갖고 있었다. 따라서 이 글에서는 해상풍력
단지 설치지역의 주민들을 대상으로 해상풍력단지 설치에 대하여 어떠
한 인식을 가지고 있는지에 대하여 설문하고 이를 분석하여 결과를 바
탕으로 바람직한 접근방법을 제시하고자 했다. 무엇보다도 설문에 앞서
다음 사항들을 고려하였으며, 이를 설문에 적용하여 설문문항을 구성하
였다.

첫째, 연구의 배경이 되고 있는 서남해안 해상풍력단지 설치 계획과
현재까지의 실시현황 및 문제점을 조사하여 그 상황을 개괄적으로 살펴
보았다.

둘째, 해상풍력단지와 관련한 국내의 선행연구3)들의 내용을 분석하
여 주요 시사점을 도출하고, 이러한 시사점들을 포괄하는 연구모형을
채택하였다. 여기에서는 Ostrom의 제도분석의 틀(Institutional Analysis and
Development Framework : 이하 IADF)이라는 연구모형을 적용하였다.

셋째, IADF를 적용하여 인식조사 설문을 구성하고 추가적으로 해상풍
력단지 설치 시 유의하거나 고려하여야 할 내용들로 구성하였다.

넷째, 설문 대상으로 부안과 고창 지역 주민(지역주민, 어민, 수협관
계자, 공무원 등)으로 한정하였다. 이는 2단계인 시범단계까지의 지역이
부안과 고창이기 때문이다. 또한 지역주민들을 대상으로 설문을 실시할
때, 무작위추출이 아닌 편의 추출방법을 사용하였다.4) 설문 시기는 구

---

3) 선행연구를 위하여 해외사례를 보다 심도 있게 분석하여야 함에도 불구하고 이에 대한
   연구가 부족한 한계가 있다. 또한 해상풍력단지 설치 시 국내의 갈등사례와 그 유형이
   상이하게 나타나기 때문에 참고에 있어서도 신중하여야 될 것으로 판단된다.

4) 해상풍력단지 설치지역은 부안, 고창, 영광으로 전라북도와 전라남도를 걸치는 지역이
   다. 따라서 영광지역에 대한 광범위한 설문조사도 필요하였지만, 영광의 경우, 3단계인
   확산단계에 설치가 될 것이기 때문에 설문에서 제외시켰다. 또한 광범위한 지역과 다
   양한 배경의 사람들을 설문에 참여시켜야 할 필요상 무작위 추출보다는 지역 수산업관

체적인 해상풍력단지 방안을 발표한 2011년 11월 이후 약 2년여가 지난 2013년 11월 18일~12월 28일까지 약 40일 동안 실시되었다. 이는 해상풍력단지 설치를 주민들이 인식하기에 충분한 시간이 흘렀다고 판단할 수 있기 때문이다.

다섯째, 설문조사를 통하여 기초통계분석을 통한 기본적인 인식과 더불어서 교차분석, 대응표본 T-test 등을 실시하였다. 교차분석은 각 지역별·직업별 인식차이를 보여주고 그에 대한 유의미한 정책적 방향성을 도출하기 위하여 실시하였다. 대응표본 T-test의 경우, 동일표본인 해당 지역 주민들을 대상으로 해상풍력단지 발표초기와 약 3년이 지난 현재의 인식변화를 조사하기 위하여 실시하였다.

여섯째, 분석결과를 종합하고, 결과를 토대로 향후 해상풍력단지 설치에 있어서 주민들의 긍정적 인식을 높여 협력을 이끌어 내기 위한 정책적 제안을 하였다.


## II. 해상풍력단지 설치 계획 및 현황

### 1. 설치계획

서남해안 해상풍력단지 설치는 단기간에 끝나는 사업이 아니라 3단계에 걸쳐서 2020년까지 진행되는 장기간의 계획이다.5) 종합추진계획

---

계자, 공무원들에 대한 편의추출을 시도하였다.

5) 이 사업에는 정부와 전남·전북도, 한국전력과 발전사 등 7개 전력공기업과 대우조선해양, 두산중공업, 삼성중공업 등 민간기업들이 참여하고 총 10조 2,000억 원이 투입될 예정이다. 이 발표와 동시에 발전회사 및 풍력설비개발사가 참여한 가운데 협약식이 열렸다. 서남해 해상풍력단지 프로젝트는 2020년까지 세계 3대 해상풍력 강국으로 도약한다는 목표 아래 정부와 지방자치단체 및 업계가 함께 추진하는 대규모 사업으로 2011년 11월 사업 추진 로드맵이 발표된 바 있다.

에 따르면 2019년까지 3단계(실증, 시범, 확산단계)로 나눠 건설하는 데 정부 예산 290억 원을 포함해 약 10조 2,000억 원이 투입할 예정인데, 2014년까지 100MW 규모의 실증단지를 구축하는 1단계 사업에 4,000억 원, 2016년까지 400MW 규모의 시범단지를 조성하는 2단계 사업에 1조 6,000억 원이 투입되며, 8조 1,934억 원을 투자해 2019년까지 2,000MW 규모의 단지를 추가로 건설할 계획에 있다. 해상풍력단지에 포함되는 지역도 〈그림 1〉에서 보듯이 전라북도인 부안(위도 주변)과 고창, 전라남도인 영광(안마도 주변)에 걸쳐져 있어 매우 대규모인 것을 알 수 있다.

〈그림 1〉 해상풍력 설치지역

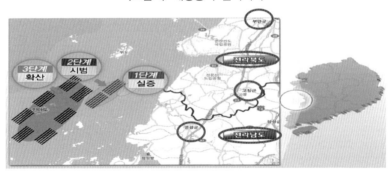

*자료 : 한국전력연구원 내부자료

〈표 1〉에서 볼 수 있듯이 서남해안에 계획 중인 해상풍력단지의 발전 용량의 규모는 3단계까지 총 2.5GW인데, 이는 영광원전 총 6기의 5.9GW의 약 절반에 약간 못 미치는 발전량에 해당하지만, 영광원전이 2012년 당시 국내 원자력발전소 총발전량 중에 가장 많은 32%(울진 26%, 고리 24%, 월성 18%)(네이버 지식백과)를 담당하고 있다는 것을 고려해볼 때, 우리나라 원자력발전소가 생산하는 총발전량의 약 13.6% 정도에 해당하는 것으로 매우 큰 규모라는 것을 알 수 있으며, 특히 신재생에너지 사업 중에서 매우 중요한 사업으로 판단된다.

〈표 1〉해상풍력 로드맵

|  | 1단계 : 실증 | 2단계 : 시범 | 3단계 : 확산 |
|---|---|---|---|
| 목적 | • 해상 Test Bed 구축<br>• 핵심기술 개발 | • Track Record 확보<br>• 운영기술 확보 | • 상업운전<br>• 대규모 단지 개발 |
| 면적 | 31km$^2$ | 84km$^2$ | 378km$^2$ |
| 수심 | 12~14m | 11~18m | 20~35m |
| 규모 | 100MW | 400MW | 2,000MW |
| 일정 | '11~'14(4년) | '14~'16(2년) | '17~'19(3년) |
| 사업<br>주관자 | KEPCO/발전 6사 | KEPCO/발전 6사 | 민간 + KEPCO/발전 6사 |
| 사업방식 | SPC | SPC | SPC |
| 사업비 | 0.4조 | 1.6조 | 8.2조 |

*자료: 이강진, 2013, 「해상풍력지원항만 중심 해상풍력산업 발전 방안」, 『2013 서남해안 2.5GW 해상풍력발전 국회심포지엄(2013.5.12)』, 참조.

개괄적으로 살펴보아도 서남해안 해상풍력단지 설치 사업은 국내 전기 수요에 대비하기 위한 신재생에너지로의 방향전환에 중요한 터닝포인트로 작용할 것임이 분명하다. 하지만, 정부가 발전량보다 해당 사업에서 보다 더 염두에 두고 있는 정책적 목적은 해상풍력 연관 산업 간 산업공급망의 구축 및 전략적 수출경쟁력 확보라고 할 수 있다. 즉, 국내 해상풍력관련 기술을 실험하는 테스트 베드로써 활용하고, 이를 통하여 새로운 산업으로 성장하고 있는 풍력산업의 경쟁력을 높여 해외에 수출하는 수출경쟁력을 높이려는 목적인 것이다.[6)]

## 2. 사업 추진 현황과 문제점

정부는 동 사업을 추진하기 위해 특수목적법인(Special Purpose Company)인 (주)한국해상풍력(이하 (주)한해풍)을 설립하여 설치 업무를 추진하고 있다.[7)]

---

6) 왜냐하면, 제품에 대한 장기간의 실증이 있고 여기에서 제품의 안정성과 효율성이 검증되어야 수출을 고려해 볼 수 있기 때문이다.

7) (주)한국해상풍력은 2012년 12월 7일 설립등기를 했는데, 이는 해상풍력단지 설치계획

<표 2> 사업추진 일정

| 사업 과정 | 사업세부과정 | 예정 일시 |
|---|---|---|
| 1.인허가 추진일정 | 제6차 전략수급계획 반영 | '13.01. |
| | 전기사업허가 신청 | '13.04. |
| | 전원개발 실시계획 신청 | '13.07. ~ '14.02. |
| | 공사계획인가 | '14.02. ~ '14.03. |
| | 공사착공 | '14.04. |
| | 공사준공 | '15.12. |
| 2. 건설 및 시운전일정 | 터빈공급 및 인수협약 | '13.05 |
| | 인허가신청 | '13.05 |
| | 기초설치착수 | '14.04 |
| | 터빈설치완료 | '15.06 |
| | 공사준공 | '15.12. |

*자료: 김재림, 2013, 「서남해 해상풍력개발사업 추진현황 및 향후계획」, 『2013 서남해안
2.5GW 해상풍력발전 국회심포지엄(2013.5.12)』 참조.

사업 주관자인 (주)한해풍은 사업추진 일정을 〈표 2〉와 같이 계획하고 있었으나, 기술개발과 관련된 사업은 별다른 문제없이 진행 중이지만, 인허가와 건설 및 시운전 일정은 계획에 따라 추진되지 못하고 있다. 특히, 인허가 추진을 위해서 실시하여야 하는 지역주민들에 대한 설명회를 개최하지 못하고 있는 실정으로 사업계획 인가, 사업착공 등을 특정할 수 없는 실정이다. 가장 중요한 원인은 지역주민들의 요구−先대책·後사업−에 대응하지 못하고 있기 때문이다(김형성 등, 2013b). 사실 지역주민들의 설득에 별다른 문제가 없을 것으로 생각하였던 사업 주관자−(주)한해풍−는 주민들에 대한 설명회8)보다는 국방부의 '전파환경영향에 더 치중하였다. 즉, 실증 단지 배치가 군 레이더에 어떠한 영향을 받는지 레이더 영향 검토에서 통과하는데 보다 많은 관심을 보이고 있었다.9)

---

이 발표된 지 1년이 지난 것으로 그 사이 지역에서 풍력단지 추진을 홍보하고 설득할 수 있는 주체의 공백이 있었다.

8) 2013년 12월 말 고창과 부안에 한차례씩 설명회를 개최할 예정이었으나, 지역어민과 수협의 반대로 무산되었다.

그 결과 사업의 추진은 일정보다 지체되어 있어, 이러한 상황에서 지역 주민들의 인식에 대한 설문조사의 필요성이 더욱 부각된다고 볼 수 있다.


## III. 선행연구 검토[10]

### 1. 해상풍력단지 설치와 관련된 검토

해상풍력단지 설치와 관련된 국내 사회과학 문헌은 그리 많지 않다. 국내에서는 극히 몇몇 연구만 해상풍력단지에 대한 연구가 존재한다. 해당 국내 연구를 소개하면 다음과 같다.

먼저 염미경(2008)은 '풍력발전단지 건설과 지역수용성'의 연구에서 해상풍력실증단지가 조성되고 있는 제주도의 풍력발전 현황을 소개하며, 해상풍력단지가 조성되고 있는 제주도 월정리지역의 지역사회를 중심으로 사업자의 지역전략과 개발예정지의 주민수용성을 살펴보았다.[11] 동 연구에서는 마을의 엘리트집단과 일반주민들에 대한 심층면접과 설문조사를 통해서 조성사업에 대한 수용자(주민)의 인식과 요구 사항 및 의견들을 조사하였다. 동 연구에서 주목한 것은 해상풍력단지 건설전략에 대한 지역사회의 수용성(acceptance)을 중심으로 하여 개발사업으로서 해상풍력단지 건설을 둘러싼 지역이해의 분화와 통합에 있다. 즉, 지역 내부의 사회경제적 조건과 권력구조의 성격, 그리고 특정 쟁점을 둘러싸고 전개되는 지역의 행위자들 간의 상호작용을 살펴보았는데, 여기에서 초기 마을엘리트 중심의 설득작업의 실패로 나타나는 공사의 지연

---

9) 현재 국방부의 '전파영향평가'는 통과한 상황이다.

10) 어류 및 해양포유류의 환경연향과 지역사회 수용성 연구 1차 연구보고서 참조.

11) 해상풍력실증연구단지가 제주 월정리에 들어서게 되었고, 현재 두 기의 해상풍력발전기가 설치되었다.

문제를 해결하는 과정을 자세히 기술하였다(염미경, 2008: 67~70).

또한 염미경(2009)은 '신재생에너지시설 입지에 대한 지역주민들의 태도-풍력발전단지 입지지역 사례를 중심으로'에서 풍력발전시설 입지선정의 각 절차에 관한 지역주민의 의식과 태도를 비교·연구하였다. 동 연구에서 가장 중요하게 지적하는 문제는 그동안 대부분의 국책사업으로 이루어지는 시설물의 입지선정은 지역사회 내의 토지사용에 있어 지역주민들의 참여가 배제된 채 중앙정부 혹은 지방자치단체가 일방적으로 결정하여 왔다는 것이다. 하지만, 지방자치가 실시된 이후 정부 주도의 국책사업은 입지대상지역주민이 그 시설의 입지에 동의해야만 추진될 수 있으며, 이는 지역 수준의 행위주체들의 의사표현기회와 함께 다양한 저항과 개입가능성을 확대시켰다는 것이다. 동 연구 대상지역의 주민들은 사업초기에 입지의 수용을 거부하였는데, 과거의 개발과정의 경험에 따른 불신 때문이었음을 문제로 제기하였으며, 이후 마을이 주도적으로 풍력발전사업자를 선정하는 시기에서는 경제적 보상이 가장 중요한 요인으로 부각되었다. 하지만, 경제적 요인의 부각에도 불구하고, 지역주민들은 풍력발전 사업자로 지방자치단체나 지역사회 혹은 공기업을 선호하는 모습을 기술하며, 이에 대한 해석으로 위에서 언급한 신뢰성의 문제와 주민참여요인을 중요하게 생각한다는 것을 설명하였다(염미경, 2009: 213~216).

이외에 염미경(2010)은 '풍력발전시설 입지문제의 지역 쟁점화 양상과 시사점'에서 농촌사회의 비선호시설 입지를 둘러싼 갈등을 이익갈등, 권한갈등, 가치갈등으로 구분하고,[12] 이익갈등과 가치갈등의 문제를 부각하였다. 동 연구는 제주도의 W마을과 K마을을 대상으로 풍력단지 입지

---

12) 이익갈등은 이해당사자들이 사회경제적 이익을 지키거나 추구하기 위해 대립하는 갈등으로 대부분 토지이용, 시설입지와 관리에 있어서 관련 행위주체들 간 비용과 편익배분에 대한 이익대립으로 발생하며, 이에 반해 가치갈등은 개발 사업으로 인해 경제적 편익을 중시하는 입장과 그로 인해 파괴되는 환경을 보전해야 한다는 입장의 충돌로서 구체적으로 개발 사업이 가져오는 환경 피해의 범위와 규모에 직접 관련된다.

에 있어서 마을 간에 나타나는 갈등의 양상을 비교하였다. 결국 갈등양상은 마을에 따라 달리 나타났는데, 풍력발전기의 설치가 처음 제기된 마을의 경우, 풍력발전기 입지에 따른 경제적 수익에 관심은 있었지만 경제적 수익에 가치를 두는 주민집단과 마을의 환경보전에 가치를 두는 주민집단 간의 의견 대립으로 풍력발전기 설치를 하지 못하였다. 이에 반하여 풍력발전기 입지를 통해 이미 경제적 수익을 얻고 있는 마을의 경우, 시설 입지를 통해 마을의 경제 수익의 최대화를 꾀한다는 견지에서 발전사업자들과 협상하려는 경향을 보이고 있었다. 결국, 동 연구의 결론은 경제적 보상이 지역수용성을 높여줄 가능성이 있지만, 지역발전에서 경제주의의 잠식의 부작용을 극복하기 위해서는 경제적 수익 못지않게 환경권을 침해하지 않으면서 추진될 수 있도록 지역사회의 주체적이고 적극적인 참여를 유도할 수 있는 방안의 모색이 필요하다는 것이다(염미경, 2010: 207~214).

이희선(2010)은 '풍력발전의 국내외 사례 분석을 통한 주민 수용성 향상 방안'에서 국내·외 풍력발전 건설·운영 사례를 분석하여 주민 수용성을 높이기 위한 방안을 제시하였다. 첫째, 독일의 경우, 풍력발전사인 Enertrag가 주민들의 거센 저항을 받게 되는 이유는 지역 주민들을 설득하는 과정을 거치지 않았고, 따라서 주민들이 투자자로 참여할 수 있는 기회를 만들지 않음으로써 지역 주민들에게 소외감을 갖게 했다는 점이다. 결국, 정부기관들과의 긴밀한 관계를 유지하며 요구조건을 충족시키는 데는 충실하였지만, 주민들을 설득하고 이해시키는데 소홀했기 때문에 거센 반발에 직면하게 되었다는 것을 지적하였다.

둘째, 덴마크의 코펜하겐 해상풍력단지는 덴마크의 대표적인 풍력발전 보급 성공사례로 꼽히는데, 지역주민들이 코펜하겐 환경에너지청과 공동으로 협동조합 및 유한회사를 설립하고 이를 코펜하겐 시당국이 소유하게 함으로써, 정부와 주민 간의 밀접한 연관관계를 수립하였다는 점이다.

셋째, 스페인의 경우, 풍력발전소가 지역주민들에 의해 광범위하게 지지를 받고 수용되고 있다. 이는 지방정부들이 지역개발에 초점을 두고 명확한 경제적 이익을 지역에 돌려주는 프로그램을 실시하고 있기 때문이며, 발전사업자인 기업들도 직·간접적인 이윤을 주민들에게 제공하며 지속적이고 장기적인 홍보와 교육을 전개하고 있기 때문으로 분석하였다.

넷째, 일본의 경우, 적극적인 풍력발전 확대보급 정책이 실시되고 있진 않으나,[13] 시민 단체들의 자발적이고 적극적인 도입운동으로 인하여 주민의 수용성이 높아지고 있다. 일본 시민단체들은 입법활동, 시민풍력발전소 건설, 대안적인 그린전력 프로그램 운영, 그린펀드(Green Fund) 조성 등 다양한 노력을 기울이고 있다.

마지막으로 우리나라 태백 매봉산 풍력발전단지는 환경훼손을 최소화하는 노력과 지방자치단체의 적극적인 홍보, 발전소 기별로 반경 5km 이내 주민들에게 일정금액의 지원, 관광자원으로의 활용 등으로 긍정적인 평가를 받고 있다.[14] 이 연구를 통하여 이희선(2010)은 첫째, 풍력발전에 대한 긍정적인 인식마련,[15] 둘째 직접적인 이해 당사자로써의 지역 주민 참여, 지역 특수성을 고려한 도입방안 마련 등의 방안을 제시하였다(이희선, 2010: 3~12).

위 선행연구들을 종합하여 본 연구의 접근을 위한 주요 이슈를 살펴보면 〈표 3〉과 같다. 가장 먼저 첫째, 지역 수용성은 지역 내부의 사회경제적 조건과 권력구조의 성격, 그리고 특정 쟁점을 둘러싸고 전개되

---

13) 2010년 당시에는 일본의 풍력발전은 정책적으로 주요한 이슈가 아니었다고 판단되나, 현재 핵발전소의 문제 때문에 풍력발전은 일본정부의 중요한 국가적 시책으로 전환되었다.

14) 그 밖에 제주 난산 풍력단지를 사례 분석하였으나, 위의 염미경 논문과 중복되는 점에서 제외한다.

15) 긍정적인 지역 여론 형성을 위한 지속적이고 활발한 홍보, 풍력발전이 가져오는 이익과 더불어 발생할 수 있는 부정적인 영향에 대하여서도 투명하게 공개하고 개선방향을 제시하는 등의 긍정적인 인식마련이 필요하다.

는 지역의 행위자들 간의 상호작용이라는 점이다. 따라서 지역의 의사
결정구조 즉, 의사결정 규칙을 살펴보아야 하며, 다음으로 행위자들 간
이 상호작용의 양태를 살펴보아야 한다.

둘째, 그동안 대부분의 국책사업으로 이루어지는 시설물의 입지선정
이 지역주민들의 참여가 배재된 채 중앙정부 혹은 지방자치단체가 일방
적으로 결정하여 왔다. 이러한 과거의 개발과정의 경험에 따른 불신이
지역주민들의 저항을 가지고 올 수 있다는 것이다. 비록 경제적 보상이
가장 중요한 요인으로 여겨지지만 지역주민들의 과거 경험이 사업주관
자에 대한 신뢰성에 많은 영향을 주며 더불어 주민 참여 요인도 중요한
요인이라는 점이다. 여기에서도 마찬가지로 주민참여요소는 의사결정
규칙과 연결된다. 또한 과거경험은 공동체의 특성을 살펴보아야 한다는
것을 말해준다.

셋째, 풍력발전시설 입지문제의 지역 갈등의 쟁점이 이익갈등, 권한
갈등, 가치갈등 중 어느 것인지가 중요하다는 것이다. 이는 지역주민들
이 해상풍력단지의 물리적 조건을 어떻게 인식하고 있는지가 중요하다
는 점이다.

마지막으로 넷째, 지역에 대한 보상을 어떻게 가지고 갈 것인지가 중
요한 점이다. 주민수용성 향상을 위하여 지역주민이 원하는 보상은 어
떠한 방식으로 되어야 하는지가 중요하다.

〈표 3〉 선행연구의 시사점

| 학자 | 연구내용 | 고려할 점 |
|---|---|---|
| 염미경(2008) | 지역사회를 중심으로 사업자의 지역 전략과 개발예정지의 주민수용성 | 지역 내부의 사회경제적 조건과 권력 구조의 성격<br>특정 쟁점을 중심으로 지역의 행위자들 간의 상호작용 |
| 염미경(2009) | 풍력발전단지 입지지역의 지역주민 들의 태도 | 과거 국책사업의 경험의 영향 |
| 염미경(2010) | 풍력발전단지 입지문제의 쟁점 | 이익 갈등과 가치갈등 |
| 이희선(2010) | 풍력발전 설치에 대한 독일, 덴마크, 스페인, 일본의 사례분석 | 주민수용성 향상 방안 |

## 2. 설문조사를 위한 연구모형

선행연구를 통해서 도출된 〈표 3〉은 본 연구의 접근방법을 고려할 때 중요한 시사점을 제공하는데, 이는 결국 첫째 지역주민이 해상풍력단지를 무엇으로 인식하는가? 하는 것이다. 둘째, 그렇다면 해상풍력단지 설치에 있어서 지역의 의사결정규칙이 어떻게 되어 있는가를 파악하여야 한다. 셋째, 해상풍력단지 설치지역 공동체의 특성은 어떠한가를 살펴보아야 한다. 넷째, 해상풍력단지 설치에 있어서 각 행위자의 상호작용은 어떻게 이루어지고 있는가를 파악하여야 한다는 것이다. 마지막으로는 그렇다면 보상과 관련한 사항들에 대한 주민들의 선호도를 조사하여야 한다는 것이다. 결국 지역주민의 인식을 분석하기 위해서는 지역의 권력구조, 해상풍력단지 설치와 관련된 주요이슈, 공동체가 경험했던 국책사업, 해상풍력단지를 어떠한 시각—이익 혹은 손해—으로 인식하는지 등을 살펴보아야 한다.

위와 같은 사항들을 종합적으로 살펴보기 위하여 제도분석틀(IADF)를 연구모형으로 선택하였다. 제도분석틀(IADF)은 본래 수자원, 연안 어장, 목초지 등의 공유재 관리를 최적화 할 수 있는 제도적 관리방법을 모색하는데 그 목적이 있다. 이러한 연구의제 설정은 Hardin(1968: 1243~1248) 이래 제기되어온 '공유재의 비극'(tragedy of the commons)을 해결하기 위한 것이었다. 즉, 개인의 합리성과 집단의 합리성이 반드시 일치하지 않는 '사회적 딜레마'(Messick & Brewer, 1983: 11)의 상황에서 이를 타개하고, 공유재 관리를 최적화함으로써 적정하게 공공재를 공급할 수 있는 방안을 모색하자는 것이다(은재호, 2010: 48).

제도분석틀은 해상풍력단지가 이익을 주는지 불이익을 주는지 하는 해상풍력단지의 물리적 속성에 대한 인식과 해상풍력단지 설치에 어떠한 규칙이 적용되고 있는지를 파악할 수 있으며, 해당 지역의 공동체의 속성이 어떠한지를 모두 고려할 수 있어 해상풍력단지의 제도적 관리

방법을 모색하는데 좋은 모형이다.16)

제도분석틀(IADF)은 행위 과정 중-해상풍력단지 설치 과정 중-에 있는 행위자-지역주민, 공무원 등-에 분석의 초점을 맞추며, 정책과정과 산출은 행위자 외부에 존재하는 아래의 4개 변수에 영향을 받는다(Ostrom, Gardner & Walker, 1994: 27~49; 은재호, 2010: 48; 은재호 · 최대용 · 김형성, 2011: 4)(아래 〈그림 2〉 참조).

첫째, 물리적 세계의 속성이다. 여기에서 물리적 세계의 속성이란 상호작용을 촉발하는 대상을 지칭하는 것으로, 대상물의 지리적 · 물리적 · 사회적 속성을 의미하는데, 본 연구에서는 물리적으로 설치되는 해상풍력단지가 지역주민들에게 어떠한 인식으로 다가오는가를 중심으로 논의를 진행한다.

〈그림 2〉 연구모형

*자료: 은재호, 2010, 『효과적 갈등해결을 위한 소통방안연구』, KIPA연구보고서 : 49.

둘째, 행위자가 속한 공동체의 속성이다. 공동체의 속성은 행위자가 소속한 공동체의 성격과 이들이 공유하는 규범적 속성 등을 의미하는데, 본 연구에서는 공동체의 속성을 해당 지자체내의 지역주민 · 시민단체의 공유된 경험 등을 중심으로 논의를 진행한다. 이러한 공동체의 경험은

---

16) 은재호(2010)는 IADF를 갈등관리 연구에 대안적 분석 모형으로 제시하면서, 선호시설이든 비선호시설이든 집단의 이익에 필요한 특정 시설을 이전 또는 건립할 경우, 이를 둘러싼 행위자간 이해관계를 조정하고 협력을 산출할 수 있는 조건과 유인체계에 대하여 설득력 있는 분석 수단을 제공한다고 평가하였다.

해상풍력단지 설치에 있어서 상호작용에 영향을 줄 것으로 판단된다.

셋째, 특정 행위에 대한 유인과 억제 기제로 작용하는 규칙이다. 규칙은 공식적 규칙과 비공식적 규칙을 모두 포괄하며 주어진 특정 문제 영역에서 실용규칙(working rules 또는 rules-in-use)의 총합으로 정의되는데, 다음과 같은 세 차원에서 다르게 작동한다고 봄으로써(Koontz, 2005: 463~464) 규칙과 규칙이 형성하는 행위자들 사이의 관계망에 분석의 초점을 둔다(은재호, 2010: 49; 은재호·최대용·김형성, 2011: 5~6).

① 형성적(또는 헌법적) 선택규칙(constitutional choice rules)은 의사결정이 이루어지는 정책결정 단위에 누구를 포함시킬 것인지를 결정하는 규칙으로서, 다음의 집합적 선택규칙을 형성하는데 사용되는 공식적 규칙을 의미한다(예: 법률).

② 집합적 선택규칙(collective choice rules)은 다음의 운영규칙을 확정하는데 필요한 개인의 선호를 어떻게 집적시킬 것인지를 결정하는 규칙을 의미한다(예: 위원회 구조).

③ 운영규칙(operational rules)은 현장에서 어떤 행동이 허용되고 금지되는지를 규정하는 규칙이다(예: 의사진행 규칙).

이 연구에서는 위의 세 가지 중 두 번째 집합적 선택규칙을 중심으로 논의를 진행한다.[17]

넷째, 다른 행위자들과의 상호작용이다. 위의 세 가지 변수들은 행위자들의 상호작용에 영향을 준다. 즉, 물리적 세계의 속성과 공동체의 속성을 통해 역사적으로 구조화된 문화가 행위자의 행위 양상을 결정짓는 요소라고 본다면, 규칙은 행위자의 선택을 제약 또는 유인하는 일련의

---

17) 왜냐하면, 형성적 선택규칙에서 의사결정이 이루어지는 정책결정단위에서 해당 기초지자체와 지역주민·시민단체는 배제되었기 때문에 형성적 선택규칙이 어떻게 사용되었는지 알 수가 없기 때문이며, 운영규칙은 해상풍력단지가 설치되고 이에 대한 세부적인 운영규정인데, 현재는 해상풍력단지가 설치되지 않았기 때문에 적용할 수 없다.

제도를 총칭하는 것으로 행위자의 행위 양상을 결정짓는 요소라고 본다. 현재 해상풍력단지 설치와 관련된 이해관계자들의 상호작용은 발견되지 않고 있기 때문에 본 연구에서는 상호작용 변수를 제외하고 행동의 장에 있는 행위자 특성만을 검토하도록 한다.[18)]

## Ⅳ. 설문조사 설계

### 1. 설문 구성

선행연구 분석 및 이론적 접근을 통하여 아래 〈표 4〉에 변수들과 설문문항을 구조화 하였다.

〈표 4〉 설문의 구성

| 변수 | | | 내용 |
|---|---|---|---|
| I<br>A<br>D<br>F<br>적<br>용 | 물리적<br>속성 | 경제적 효과 | 소득증대, 관광수입증대, 지역산업발전, 지가상승 |
| | | 사회환경적 효과 | 지역이미지 개선, 환경개선, 사회복지관련 시설 확충,<br>지역 교육여건 개선 |
| | | 우선순위 | |
| | 규칙 | 의사결정 방법 | 마을회의(어촌계 총회), 일부 마을 대표자 중심, 공청<br>회·설명회, 젊은 사람 중심 |
| | 공동체<br>속성 | 기존 국책사업의<br>영향 | 긍정 vs. 부정적, 영향력 정도 |
| | 행위자 | 가장 신뢰하는<br>기관/개인 | 지역리더(이장, 어촌계장 등), 지역 시민단체(환경단체<br>등), 중앙 언론매체, 지역 언론매체(지역신문 등), 지방<br>정부(도청 공무원), 지방정부(군청 공무원), 지역 대표<br>(국회의원 또는 도의원), 지역 대표(군의원), 수협 장 및 |

---

18) 발견되는 상호작용은 광역자치단체인 전북과 부안·고창군, 전남과 영광군 간의 해상 풍력단지와 관련된 업무협조 정도이다. 즉, 현재 해상풍력단지의 설치에 있어서 지자체(광역-기초) 간의 상호작용은 간간이 관찰되지만, 여타 다른 행위자들과의 상호작용은 아직 미미하기 때문 향후 실제적인 상호작용이 발생하였을 때 구체적으로 분석할 수 있을 것으로 예상된다.

| | | | |
|---|---|---|---|
| | | 해상풍력단지 설치에 대한 인식에 영향을 미친 기관/개인 | 관계자 |
| | | 지역에 대한 관심정도 | 소속감, 지역발전, 자생적발전가능성, 풍력발전과 발전가능성의 연계 |
| | 상호작용패턴 | | 최초 찬반, 현재 찬반 |
| 유의·고려사항 | 보상방법 | | 개인 vs. 집단(공동체), 단기 vs. 중장기, (현금으로)직접보상 vs. (현금 외)간접보상 |
| | 조업방법 | | 전면조업, 공사 시 제외하고 전면조업, 제한적 조업 |
| | 가장 중요하게 고려 할 점 | | 어류 피해, 해상포유류 피해, 조(鳥)류 피해, 자연경관 훼손, 소음·먼지·해상 통행불편, 지역주민갈등 |


## 2. 설문 대상 추출 및 분석 방법


설문 대상은 해당지역 공무원(경제파트, 수산파트)과 해당지역 어민(어촌계장 포함 지역 어민) 및 수협관계자, 기타 해당지역 주민(어민 제외)를 설정하였다.

이는 해상풍력단지설치에 대한 수용성에 영향을 미치는 요소에 부가하여 보상방법 등에 대한 선호도를 조사하는 기초적 설문이며, 시론적 연구로 선호도 및 각 요소의 지역 간, 직업 간 차이를 중심으로 분석하고 분석결과 통계적으로 유의미한 결과만을 제시하였다. 그 방법으로는 빈도분석과 교차분석[19] 및 대응표본 T-test[20]이다.

---

19) 교차분석(cross tabulation)이란 명목척도(성별, 지역별, 종교별, 직업별, 나이별 등)의 성향을 가지고 있는 사회현상을 분석하기 위해서 사용되는 분석기법으로 명목 및 서열척도의 범주형 변수(categorical variables)들을 분석하기 위해 둘 이상 변수가 가진 각 범주를 교차하여 해당 빈도를 표시하는 교차분석표를 작성함으로써 두 변수간의 독립성과 관련성을 분석하는데 이용된다(김렬 등, 2005: 85). 이런 교차분석은 변수간의 관계를 카이자승($x^2$)이라는 통계치를 이용하여 검정하기 때문에 카이자승 검정(chisquare test)이라고도 한다(김렬 등, 2005: 85).

## V. 지역주민 인식조사 결과[21]

### 1. 설문 대상자의 인구통계학적 분석

설문지는 총 850부를 배포하여 573부를 회수하였으나, 부실한 작성으로 유효하지 못한 29부를 제외하고 544부를 분석하였다. 설문의 인구통계학적 분석결과는 〈표 5〉와 같다.

〈표 5〉 설문응답자 빈도분석 결과

| 구분 | | 빈도 | 퍼센트 |
|---|---|---|---|
| 거주지 | 고창 | 223 | 41.0 |
| | 부안 | 275 | 50.6 |
| | 영광 | 45 | 8.3 |
| | 기타 | 1 | .2 |
| 직업 | 어업 | 190 | 34.9 |
| | 농업 | 95 | 17.5 |
| | 제조업등 2차산업 | 39 | 7.2 |
| | 상업 등 3차 서비스업 | 80 | 14.7 |
| | 의사,법조인 등 전문직 | 16 | 2.9 |
| | 행정공무원 | 67 | 12.3 |
| | 행정공무원외 | 52 | 9.6 |
| | 기타 | 5 | .9 |

---

20) T-test는 두 집단 간 평균의 차이가 통계적으로 유의한지를 검정할 때 사용되는 통계 분석기법이다. 즉, 모집단의 분산이나 표준편차를 알지 못할 때 모집단의 표본으로부터 분산과 표준편차를 추정하여 분석하는 기법이다. 연구목적에 따라 독립표본 T-test, 대응표본 T-test로 구분되는데, 독립표본 T-test는 독립된 두 집단 간에 차이가 있는지를 알아보기 위한 방법이고, 대응표본 T-test는 동일한 모집단으로부터 추출된 두 집단을 대상으로 처치 전후의 차이를 알아보기 위하여 사용하는 방법이다(김렬 등, 2005: 97).

21) 분석 결과 시 참고할 사항은 빈도분석결과는 거주지가 영광 및 기타(완주)인 샘플까지 포함하여 분석하였고, 교차분석은 거주지가 영광과 기타(완주)인 샘플은 제외하고 $x^2$ 검정을 통해서 분석하였다. 이때, 주요 데이터는 거주지와 직업을 활용하였다.

## 2. 물리적 속성에 대한 인식조사 결과

### 1) 해상풍력단지 기대효과에 대한 빈도분석 결과

〈표 6〉의 빈도분석결과에 따르면, '소득증대', '지역개발', '환경개선', '사회복지확충', '지역교육개선'에 대한 인식은 전혀 그렇지 않다는 부정적인 인식이 가장 많은 빈도로 조사되었다. 반면 '관광수입증대', '지역산업발전', '지역이미지 개선'에 대한 인식의 경우는 긍정적인 답변이 많은 것으로 조사되었다. 다만 여기에도 매우 부정적인 인식이 다음 순위로 조사되었다.

〈표 6〉 해상풍력단지 설치의 긍정적 효과에 대한 빈도분석 결과

| 질문 | 매우 그렇다 | 대체로 그렇다 | 보통이다. | 그렇지 않다 | 전혀 그렇지 않다 | 결측 |
|---|---|---|---|---|---|---|
| 소득증대 | 51(9.4) | 102(18.8) | 121(22.2) | 96(17.6) | 174(32) | |
| 관광수입증대 | 73(13.4) | 164(30.1) | 114(21) | 59(10.8) | 134(24.6) | |
| 지역산업발전 | 92(16.9) | 155(28.5) | 107(19.7) | 57(10.5) | 133(24.4) | |
| 지역개발 | 52(9.6) | 126(23.2) | 130(23.9) | 83(15.3) | 153(28.1) | |
| 지역이미지개선 | 82(15.1) | 140(25.7) | 124(22.8) | 62(11.4) | 136(25) | |
| 환경개선 | 58(10.7) | 119(21.9) | 129(23.7) | 84(15.4) | 154(28.3) | |
| 사회복지확충 | 49(9) | 108(19.9) | 136(25) | 96(17.6) | 154(28.3) | 1(0.2) |
| 지역교육개선 | 50(9.2) | 92(16.9) | 152(27.9) | 88(16.2) | 162(29.8) | |
| 계 | 507(100) | 1,006(100) | 1,013(100) | 625(100) | 1,200(100) | |

### 2) 중요 기대효과의 지역별 차이 분석결과

위에서 제시한 효과를 두 가지로 분류할 때, '소득증대', '관광수입증대', '지역산업발전', '지역개발'은 경제적 측면의 효과로 분류하고, '지역이미지 개선', '환경개선', '사회복지확충', '지역교육개선'은 사회환경적 측면의 효과로 분류하여 해상풍력단지 설치 시 더욱 중요한 효과는 무엇인지 질문하였다. 그 결과 〈표 7〉과 같이 나타났는데, 지역별 교차분석 결과 $x^2$=14.778, p<.001로 고창과 부안 지역 주민 간 유의한 차이가 있는 것으로 분석되었다. 즉, 기대효과에 대한 지역주민 간 차이가 있는

것으로 고창은 사회환경적 측면의 효과에 부안은 경제적 측면의 효과에
보다 많은 기대를 하고 있는 것으로 분석된다.

〈표 7〉 중요 효과에 대한 지역별 교차분석 결과

| 구분 | 주요효과 | | 합계 | $\chi^2$ | P |
|------|----------|----------|------|------|---|
| | 경제효과측면 | 사회효과측면 | | | |
| 고창 | 87(17.5%) | 134(27%) | 221(44.6%) | 14.778 | 0.000 |
| 부안 | 156(31.5%) | 119(24%) | 275(55.4%) | | |
| 합계 | 243(49%) | 253(51%) | 496(100%) | | |

각각 기대하는 효과가 무엇인지 알기 위하여 우선순위별로 3가지를
고르게 하고 빈도분석한 결과 〈표 8〉과 같이 나타났다. 우선순위를 더
하여 종합한 결과 '지역산업발전', '지역이미지 개선', '관광수입증대'가
가장 높은 기대를 나타내고 있는 것으로 조사되었다.

〈표 8〉 중요 효과에 대한 우선순위 빈도분석 결과

| | 1순위 | 2순위 | 3순위 | 종합 |
|------|-------|-------|-------|------|
| 소득증대 | 176(32.4) | 29(5.3) | 40(7.4) | 245(15.04) |
| 관광수입증대 | 118(21.7) | 100(18.4) | 52(9.6) | 270(16.57) |
| 지역산업발전 | 100(18.4) | 132(24.3) | 102(18.8) | 334(20.5) |
| 지역개발 | 17(3.1) | 66(12.1) | 48(8.8) | 131(8.04) |
| 지역이미지개선 | 57(10.5) | 103(18.9) | 115(21.1) | 275(16.88) |
| 환경개선 | 42(7.7) | 56(10.3) | 59(10.8) | 157(9.64) |
| 사회복지확충 | 26(4.8) | 42(7.7) | 76(14) | 144(8.84) |
| 지역교육개선 | 8(1.5) | 16(2.9) | 49(9) | 73(4.48) |
| 결측 | - | - | 3(0.6) | - |
| 합계 | 544(100) | 544(101) | 544(102) | 1629(100) |

각 기대효과별 지역 간 인식차이를 살펴보기 위하여 우선순위 중 1순
위로 응답한 기대효과를 지역을 대상으로 교차분석을 실시하였는데,
〈표 9〉과 같이 $\chi^2$=37.753, p<.001이므로 집단 간 유의한 차이가 있는
것으로 분석되었다. 즉, 1순위 주요효과에 대한 지역주민 간 차이가 있
는 것으로 고창은 '관광수익증대', 부안은 '소득증대'에 보다 많은 효과가

있을 것으로 기대하고 있는 것으로 분석되었다. 이러한 결과는 경제적 측면의 효과와 사회 환경적 측면의 효과로 단순 분류할 때는, 드러나지 않았으나, 개별적으로 우선순위를 조사한 결과는 고창과 부안 모두 경제적 측면의 효과를 보다 중요하게 생각하고 있으나, 그 요소는 고창은 '관광수입', '지역이미지개선' 등을 보다 기대하고 있으며, 부안은 '소득증대'와 '지역산업발전'을 기대하고 있는 것으로 나타났다.

〈표 9〉 개별 중요 효과에 대한 지역별 교차분석 결과

| 구분 | 1순위 주요효과 | | | | | | | | 합계 | $x^2$ | P |
|---|---|---|---|---|---|---|---|---|---|---|---|
| | 소득증대 | 관광수입증대 | 지역산업발전 | 지역개발 | 지역이미지개선 | 환경개선 | 사회복지확충 | 지역교육개선 | | | |
| 고창 | 53 (10.6%) | 65 (13.1%) | 32 (6.4%) | 8 (1.6%) | 32 (6.4%) | 19 (3.8%) | 13 (2.6%) | 1 (0.2%) | 223 (44.8%) | 37.753 | .000 |
| 부안 | 119 (23.9%) | 41 (8.2%) | 53 (10.6%) | 9 (1.8%) | 20 (4%) | 16 (3.2%) | 11 (2.2%) | 6 (1.2%) | 275 (55.2%) | | |
| 합계 | 172 (34.5%) | 106 (21.3%) | 85 (17.1%) | 17 (3.4%) | 52 (10.4%) | 35 (7%) | 24 (4.8%) | 7(1.4%) | 498 (100%) | | |

또한 직업을 대상으로 교차분석을 실시한 결과, 〈표 10〉과 같이 $x^2$=58.233, p<.001이므로 집단 간 유의한 차이가 있는 것으로 분석되었다. 즉, 1순위 주요효과에 대한 직업 간 차이가 있는 것으로 어업과 어업 외 지역 주민은 '소득증대', '관광수입증대'에, 공무원은 '관광수입'과 '지역산업발전'에 보다 많은 관심을 가지고 있는 것으로 판단된다.

〈표 10〉 개별 중요 효과에 대한 직업별 교차분석 결과

| 구분 | 1순위 주요효과 | | | | | | | | 합계 | $x^2$ | P |
|---|---|---|---|---|---|---|---|---|---|---|---|
| | 소득증대 | 관광수입증대 | 지역산업발전 | 지역개발 | 지역이미지개선 | 환경개선 | 사회복지확충 | 지역교육개선 | | | |
| 어업 | 89 (18%) | 36 (7.3%) | 14 (2.8%) | 10 (2%) | 19 (3.8%) | 11 (2.2%) | 4 (0.8%) | 0 (0%) | 183 (37%) | 58.233 | .000 |
| 어업 외 | 65 (13.2%) | 45 (9.1%) | 46 (9.3%) | 2 (0.4%) | 25 (5.1%) | 12 (2.4%) | 12 (2.4%) | 6 (1.2%) | 213 (43.1%) | | |
| 공무원 | 17 (3.4%) | 25 (5.1%) | 25 (5.1%) | 5 (1%) | 7 (1.4%) | 10 (2%) | 8 (1.6%) | 1 (0.2%) | 98 (19.8%) | | |
| 합계 | 171 (34.6%) | 106 (21.5%) | 85 (17.2%) | 17 (3.4%) | 51 (10.3%) | 33 (6.7%) | 24 (4.9%) | 7 (1.4%) | 494 (100%) | | |

## 3. 규칙에 대한 인식조사 결과

지역의 의사결정 규칙, 즉 집합적 선택규칙에 대한 인식을 알아보기 위하여 우선 지역의사 결정 방법에 대한 조사결과, 〈표 11〉에 나타난 바와 같이 '마을 회의(어촌계 총회)', '일부 마을 대표자(이장, 어촌계장, 마을 청년회 등)', '공청회나 설명회' 순으로 조사되었다. 여기에서는 지역 간 차이나, 직업 간 차이는 유의미하지 않는 결과가 나타났다.

〈표 11〉 지역의 의사결정 방법에 대한 빈도분석 결과

| 항목 | 빈도 | 퍼센트 |
|---|---|---|
| 마을회의(어촌계 총회) | 251 | 46.1 |
| 일부마을 대표자(이장, 어촌계장, 마을 청년회 등) | 131 | 24.1 |
| 공청회나 설명회 등 | 89 | 16.4 |
| 젊은 사람들이 모여서 결정 | 7 | 1.3 |
| 잘 모름 | 60 | 11.0 |
| 기타 | 6 | 1.1 |
| 합계 | 544 | 100.0 |

## 4. 공동체의 속성에 대한 인식조사 결과

공동체의 속성을 알아보기 위하여 기존 국책사업이 미치는 영향정도를 질문하였다. 즉 이전 국책사업(원전사업, 방사능폐기장, 새만금)의 경험이 해상풍력단지 설치에 주는 영향력의 정도에 대한 빈도분석 결과, 〈표 12〉와 같이 나타났는데, 영향력의 정도가 크다는 인식 76.4%, 영향력의 정도가 작을 것이라는 인식이 16.0%로 클 것이라는 인식이 약 5배 큰 것으로 조사되었다.

〈표 12〉 해상풍력 이전의 국책사업의 영향력 빈도분석 결과

| 항목 | 빈도 | 퍼센트 | |
|---|---|---|---|
| 많은 영향을 줌 | 245 | 45.0 | 76.4 |
| 조금 영향을 줌 | 171 | 31.4 | |
| 영향을 주지않음 | 41 | 7.5 | 16.0 |
| 전혀 영향을 주지 않음 | 46 | 8.5 | |
| 잘 모름 | 41 | 7.5 | |
| 합계 | 544 | 100.0 | |

다음으로 해상풍력단지 이전의 국책사업(원전사업, 방사능폐기장, 새만금)이 주민들의 공동체 의식에 준 영향에 대한 빈도 분석결과, 〈표 13〉과 같이 부정적 영향이 전체의 63.8%로 긍정적 영향 24.1%보다 약 2.5배 큰 것으로 조사되었다.

〈표 13〉 해상풍력 이전의 국책사업의 영향력 빈도분석 결과

| 항목 | 빈도 | 퍼센트 | |
|---|---|---|---|
| 매우 긍정적 | 26 | 4.8 | 24.1 |
| 긍정적 | 105 | 19.3 | |
| 부정적 | 143 | 26.3 | 63.8 |
| 매우 부정적 | 204 | 37.5 | |
| 잘 모름 | 65 | 11.9 | |
| 결측 | 1 | .2 | |
| 합계 | 544 | 100.0 | |

지역별 인식 차이에 대한 분석을 위하여 독립표본 t-검증을 실시한 결과 〈표 14〉와 같이 분석되었다. 이전 국책사업의 영향은 $p < .001$수준에서 해상풍력단지 설치에 대한 영향은 $p < .01$ 수준에서 유의한 것으로 분석되었다. 고창이 부안보다 부정적 영향을 많이 받았으나, 영향력의 정도는 약한 것으로 분석되었다.

〈표 14〉 해상풍력 이전의 국책사업의 영향과 영향력 정도의 지역 간
독립표본 t-test 결과

| 검정 및 집단변수 | | 평균 | 표준편차 | t | P |
|---|---|---|---|---|---|
| 이전 국책사업의 영향력 | 고창 | 3.53 | .953 | 3.513 | .000*** |
| | 부안 | 3.20 | 1.161 | | |
| 해상풍력단지 설정에 영향 | 고창 | 2.22 | 1.352 | 3.028 | .003** |
| | 부안 | 1.87 | 1.190 | | |

** $p < .01$, *** $p < 0.001$

## 5. 개인행위자의 특성에 대한 인식조사 결과

### 1) 가장 신뢰하는 사람이나 기관, 우선순위

지역주민의 의사결정에 영향을 미치는 기관이나 사람의 파악을 위하여 가장 신뢰하는 사람이나 기관이 누구인가에 대한 주요한 우선순위별 3개를 고르게 하고 빈도분석한 결과 〈표 15〉와 같이 나타났다. 우선순위를 더하여 종합한 결과, 지역주민들에게 가장 영향력이 있는 기관이나 사람은 '지역리더(이장, 어촌계장)', '지역시민단체(환경단체 등)', '지방정부(군청 공무원)' 순으로 조사되었다.

〈표 15〉 가장 신뢰하는 사람이나 기관의 우선순위 빈도분석 결과

| 항목 | 1순위 | 2순위 | 3순위 | 종합순위 |
|---|---|---|---|---|
| 지역리더(이장,어촌계장) | 260(47.8) | 76(14) | 64(11.8) | 400(24.51) |
| 지역시민단체(환경단체 등) | 104(19.1) | 126(23.2) | 82(15.1) | 312(19.12) |
| 중앙 언론매체 | 42(7.7) | 43(7.9) | 54(9.9) | 139(8.52) |
| 지역 언론매체(지역신문 등) | 14(2.6) | 56(10.3) | 57(10.5) | 127(7.78) |
| 지방정부(도청공무원) | 12(2.2) | 34(6.3) | 33(6.1) | 79(4.84) |
| 지방정부(군청 공무원) | 75(13.8) | 77(14.2) | 87(16) | 239(14.64) |
| 지역대표(국회의원.도의원) | 8(1.5) | 27(5) | 37(6.8) | 72(4.41) |
| 지역대표(군의원) | 16(2.9) | 23(4.2) | 58(10.7) | 97(5.94) |
| 수협장 및 관계자 | 8(1.5) | 77(14.2) | 62(11.4) | 147(9.01) |
| 기타 | 5(0.9) | 5(0.9) | 10(1.8) | 20(1.23) |
| 합계 | 544(100) | 544(100) | 544(100) | 1632(100) |

또한 직업을 대상으로 1순위 응답을 교차분석을 실시한 결과 〈표 16〉과 같이 $x^2$=113.181, p<.001이므로 집단 간 유의한 차이가 있는 것으로 분석되었다. 즉, 1순위 가장 신뢰하는 개인 또는 기관에 대한 직업 간 차이가 있는 것으로 판단되는데, 어업 종사자와 어업이외의 지역주민, 공무원 모두 지역의 리더(이장, 어촌계장)을 가장 신뢰하고 있는 것으로 분석되었다. 또한 어업 외 지역주민들은 타 직업군에 비하여 지역시민단체에 대한 신뢰가 높은 것으로 보이고, 공무원의 경우, 지역시민단체와 중앙언론매체에 대한 신뢰가 높은 것으로 보이고 있었다. 다만, 공무

원의 경우 지방정부(군청공무원)에 대한 신뢰도가 높은데, 이는 자신의 집단에 대한 신뢰이기 때문에 차이가 있다고 판단하기 어렵다.

〈표 16〉 직업별 가장 신뢰하는 사람이나 기관의 교차분석 결과

| 구분 | 1순위 가장 신뢰하는 개인 또는 기관 | | | | | | | | | | 합계 | $x^2$ | P |
|---|---|---|---|---|---|---|---|---|---|---|---|---|---|
| | 지역 리더 (이장, 어촌 계장) | 지역 시민 단체 (환경 단체 등) | 중앙 언론 매체 | 지역 언론 매체 (지역 신문 등) | 지방 정부 (도청 공무 원) | 지방 정부 (군청 공무 원) | 지역 대표 (국회 의원. 도의 원) | 지역 대표 (군의 원) | 수협 장 및 관계 자 | 기타 | | | |
| 어업 | 135 (27.3%) | 14 (2.8%) | 11 (2.2%) | 2 (0.4%) | 4 (0.8%) | 9 (1.8%) | 0 (0%) | 4 (0.8%) | 4 (0.8%) | 0 (0%) | 183 (37%) | | |
| 어업 외 | 78 (15.8%) | 63 (12.8%) | 17 (3.4%) | 7 (1.4%) | 6 (1.2%) | 19 (3.8%) | 5 (1%) | 10 (2%) | 4 (0.8%) | 4 (0.8%) | 213 (43.1%) | 113.181 | .000 |
| 공무 원 | 26 (5.3%) | 22 (4.5%) | 11 (2.2%) | 4 (0.8%) | 2 (0.4%) | 27 (5.5%) | 3 (0.6%) | 2 (0.4%) | 0 (0%) | 1 (0.2%) | 98 (19.8%) | | |
| 합계 | 239 (48.4%) | 99 (20%) | 39 (7.9%) | 13 (2.6%) | 12 (2.4%) | 55 (11.1%) | 8 (1.6%) | 16 (3.2%) | 8 (1.6%) | 5 (1%) | 494 (100%) | | |

2) 현재 생각을 가지도록 영향을 준 사람이나 기관

지역주민이 해상풍력 단지 설치에 대한 현재의 생각을 가지도록 영향을 준 기관이나 사람에 대하여 직업별 차이가 있는지를 파악하기 위하여 교차분석을 실시한 결과, 〈표 17〉과 같이 $x^2$=113.181, p<.001이므로 집단 간 유의한 차이가 있는 것으로 분석되었다. 즉, 1순위 생각변화에 영향을 준 이해관계자에 대한 직업 간 차이가 있는 것으로 판단되는데, 어업 종사자와 어업이외의 지역주민, 공무원 모두 지역의 리더(이장, 어촌계장)가 가장 많은 영향을 준 것으로 나타났다. 이외에 어업 외 지역주민들은 타 직업군에 비하여 지역시민단체, 중앙언론매체, 지방정부(군청공무원)이 보다 많은 영향을 준 것으로 나타나며, 공무원의 경우 중앙언론매체가 보다 많은 영향을 준 것으로 나타났다.[22]

22) 다만, 공무원의 경우 지방정부(군청공무원)이 영향을 많이 준 것으로 보이는데, 이는 자신의 집단에 대한 신뢰이기 때문에 차이가 있다고 판단하기 어렵다.

〈표 17〉 현재의 생각을 가지도록 영향을 준 사람이나 기관에 대한 직업 간 교차분석 결과

| 구분 | 1순위 생각변화에 영향을 준 이해관계자 | | | | | | | | | | 합계 | $x^2$ | P |
|---|---|---|---|---|---|---|---|---|---|---|---|---|---|
| | 지역리더(이장, 어촌계장) | 지역시민단체(환경단체 등) | 중앙언론매체 | 지역언론매체(지역신문 등) | 지방정부(도청공무원) | 지방정부(군청공무원) | 지역대표(국회의원.도의원) | 지역대표(군의원) | 수협장 및 관계자 | 기타 | | | |
| 어업 | 135 (27.3%) | 14 (2.8%) | 8 (1.6%) | 9 (1.8%) | 6 (1.2%) | 4 (0.8%) | 0(0%) | 3 (0.6%) | 4 (0.8%) | 0(0%) | 183 (37%) | | |
| 어업외 | 69 (14%) | 44 (8.9%) | 25 (5.1%) | 17 (3.4%) | 3 (0.6%) | 23 (4.7%) | 7 (1.4%) | 8 (1.6%) | 8 (1.6%) | 9 (1.8%) | 213 (43.1%) | 128.957 | .000 |
| 공무원 | 29 (5.9%) | 11 (2.2%) | 15 (3%) | 4 (0.8%) | 2 (0.4%) | 22 (4.5%) | 3 (0.6%) | 0 (0%) | 1 (0.2%) | 11 (2.2%) | 98 (19.8%) | | |
| 합계 | 233 (47.2%) | 69 (14%) | 48 (9.7%) | 30 (6.1%) | 11 (2.2%) | 49 (9.9%) | 10 (2%) | 11 (2.2%) | 13 (2.6%) | 20 (4%) | 494 (100%) | | |

3) 지역에 대한 개인적 관심정도

주민들의 지역에 대한 관심정도를 조사하기 위하여 '지역과 마을의 소속감' 정도, '지역과 마을의 발전에 대한 관심' 정도, '지역의 자생적 발전가능성'에 대한 인식, '지역발전에 대한 풍력발전의 영향력 정도'에 대한 인식을 질문하였다.

그 결과 〈표 18〉과 같이 '지역과 마을에 대한 소속감', '관심'정도는 긍정적인 인식이 높은 것으로 나타났다. '지역의 자생적 발전 가능성'에 대해서도 비교적 긍정적인데, '지역발전에 대한 풍력발전의 영향력' 정도의 인식에 대해서는 긍정적 인식이 높으나, 부정적 인식도 큰 것으로 조사되었다.

<표 18> 지역에 대한 관심정도 빈도분석 결과

| 질문 | 매우<br>그렇다 | 대체로<br>그렇다 | 보통이다 | 그렇지<br>않다 | 전혀<br>그렇지 않다 |
|---|---|---|---|---|---|
| 지역과 마을에 소속감 정도 | 236(43.4) | 179(32.9) | 108(19.9) | 14(2.6) | 7(1.3) |
| 지역과 마을발전에 관심정도 | 249(45.8) | 214(39.3) | 73(13.4) | 6(1.1) | 2(0.4) |
| 자생적 발전 가능성 인식 | 151(27.8) | 157(28.9) | 126(23.2) | 60(11) | 50(9.2) |
| 지역발전에 대한 풍력발전의<br>영향력 인식 | 83(15.3) | 148(27.2) | 126(23.2) | 66(12.1) | 121(22.2) |

'지역에 대한 관심 및 발전가능성'에 대한 지역 간 인식의 차이를 조사하기 위하여 독립표본 t-검증을 실시한 결과 <표 19>과 같이 자생적 발전가능성 인식이 p<0.001 수준에서 유의한 것으로 분석되었다. 고창이 부안보다 보다 긍정적으로 인식하고 있는 것으로 판단된다.

<표 19> 지역에 대한 관심정도에 대한 지역간 교차분석 결과

| 검정 및 집단변수 | | 평균 | 표준편차 | t | P |
|---|---|---|---|---|---|
| 자생적 발전 가능성 인식 | 고창 | 2.06 | 1.072 | -7.098 | .000*** |
| | 부안 | 2.83 | 1.326 | | |
| 풍력발전의 영향력인식 | 고창 | 3.10 | 1.433 | .811 | .418 |
| | 부안 | 3.00 | 1.371 | | |

*** p<0.001

## 6. 상호작용의 패턴에 대한 인식조사 결과

해상풍력단지 설치 시 찬반에 대한 생각과 2년이 지난 현재의 찬반에 대한 인식을 조사한 결과 <표 20>과 같이 최초 생각과 현재 생각의 변화가 거의 없는 것으로 분석된다. 다만, 최초 인식에서 중립적인 인식을 가지고 있는 사람들이 본인들의 찬반을 명확하게 한 것으로 판단된다.

〈표 20〉 최초 인식 시와 현재 인식의 빈도분석결과

| 항목 | 최초 | 현재 | 차이(빈도) |
|---|---|---|---|
| 매우 반대 | 146(26.8) | 152(27.9) | 6 |
| 반대 | 75(13.8) | 76(14) | 1 |
| 보통 | 168(30.9) | 152(27.9) | -16 |
| 찬성 | 125(23) | 135(24.8) | 10 |
| 매우 찬성 | 28(5.1) | 29(5.3) | 1 |
| 결측 | 2(0.4) | - | - |
| 합계 | 544(100) | 544(100) | |

이러한 결과는 대응표본 t-검증 결과에서도 보여준다. t 값은 1.282, 유의확률은 p=0.2이므로 두 집단 간의 통계적으로 유의한 차이가 있다고 할 수 없다. 다만, 평균을 살펴보면, 〈표 21〉처럼 최초인식 시보다 현재가 보다 반대가 높은 것으로 나타났다.

〈표 21〉 최초 인식 시와 현재 인식의 대응 표본 T-test 결과

| 검정 및 집단변수 | | 평균 | 표준편차 | t | P |
|---|---|---|---|---|---|
| 찬반 | 최초 인식 시 찬반 | 2.61 | 1.278 | 1.282 | .200 |
| | 현재의 찬반 | 2.58 | 1.269 | | |

## 7. 유의 · 고려 사항과 관련한 인식조사 결과

### 1) 선호하는 보상방법

선호하는 보상방법을 개인보상 - 집단보상, 단기보상 - 장기보상, 직접보상 - 간접보상으로 분류하여 질문하였다. 설문 응답을 빈도 분석한 결과 〈표 22〉와 같이 조사되었다. 즉 개인보상, 중장기 보상, 직접보상이 보다 높은 선호를 보이고 있었다.

〈표 22〉 보상방법에 대한 선호도 빈도분석 결과

| 개인/집단 | | 단기/장기 | | 직접/간접 | |
|---|---|---|---|---|---|
| 개인보상 | 321(59) | 단기보상 | 210(38.6) | (현금으로) 직접보상 | 293(53.9) |
| 집단 (공동체보상) | 151(27.8) | 중장기보상 | 255(46.9) | (현금 외) 간접보상 | 166(30.5) |
| 모름 | 71(13.1) | 모름 | 79(14.5) | 모름 | 85(15.6) |
| 결측 | 1(0.2) | - | - | - | - |
| 합계 | 544(100) | 합계 | 544(100) | 합계 | 544(100) |

직업에 따라 선호도 차이가 있는지 교차분석을 실시하였다. 그 결과 〈표 23〉과 같이 분석되었다. 첫째, 직업별로 '개인보상'과 '집단보상' 간의 선호를 교차 분석한 결과 $x^2$=36.773, p<.001이므로 집단 간 유의한 차이가 있는 것으로 분석되었다. '개인보상'과 '집단보상' 간의 선호는 직업 간 차이가 있는 것으로 분석되는데, 어업 종사자와 어업 이외의 지역주민, 공무원 모두 개인보상을 선호하는 것으로 나타나고 있으나, 그 정도는 어업종사자 집단이 더 크며, 특히 어업 외 지역주민은 상대적으로 타 직업군보다 집단보상을 선호하는 것으로 나타났다.

〈표 23〉 직업 간 보상방법에 대한 선호도 교차분석결과-개인보상 vs. 집단보상

| 구분 | 개인vs집단 | | | 결측 | 합계 | $x^2$ | P |
|---|---|---|---|---|---|---|---|
| | 개인보상 | 집단 (공동체보상) | 모름 | | | | |
| 어업 | 137(27.7%) | 33(6.7%) | 13(2.6%) | 0(0%) | 183(37%) | | |
| 어업 외 | 101(20.4%) | 76(15.4%) | 36(7.3%) | 0(0%) | 213(43.1%) | 36.773 | .000 |
| 공무원 | 53(10.7%) | 27(5.5%) | 17(3.4%) | 1(0.2%) | 98(19.8%) | | |
| 합계 | 291(58.9%) | 136(27.5%) | 66(13.4%) | 1(0.2%) | 494(100%) | | |

둘째, 직업별로 '단기보상'과 '중장기 보상' 간의 선호를 교차분석한 결과 〈표 24〉와 같이 분석되었다. 결과 $x^2$=21.283, p<.001이므로 집단 간 유의한 차이가 있는 것으로 분석되었다. 즉, 단기보상이냐 중장기보상이냐에 대한 선호는 직업 간 차이가 있는 것으로 분석되는데, 어업

종사자는 단기보상을 보다 선호하는 것으로 나타났으며, 어업 이외의
지역주민, 공무원은 중장기 보상을 보다 선호하는 것으로 나타나고 있
는데, 그 정도는 어업 이외의 지역주민 집단이 보다 큰 것으로 나타났
다.

〈표 24〉 직업 간 보상방법에 대한 선호도 교차분석결과–단기보상 vs. 중장기보상

| 구분 | 단기 vs 중장기 | | | 합계 | $x^2$ | P |
|---|---|---|---|---|---|---|
| | 단기보상 | 중장기보상 | 모름 | | | |
| 어업 | 94(19%) | 72(14.6%) | 17(3.4%) | 183(37%) | | |
| 어업 외 | 64(13%) | 109(22.1%) | 40(8.1%) | 213(43.1%) | 21.283 | .000 |
| 공무원 | 36(7.3%) | 44(8.9%) | 18(3.6%) | 98(19.8%) | | |
| 합계 | 194(39.3%) | 225(45.5%) | 75(15.2%) | 494(100%) | | |

셋째, 직업별로 '(현금으로)직접보상'과 '(현금 외)간접보상' 간의 선호를
교차분석한 결과 〈표 25〉와 같이 분석되었다. 그 결과 $x^2$=14.177, p<.01
이므로 집단 간 유의한 차이가 있는 것으로 분석되었다. 즉, 개인에 대
한 '(현금으로)직접보상'이냐 '(현금 외)간접보상'에 대한 선호는 직업 간
차이가 있는 것으로 분석되는데, 어업 종사자와 어업 이외의 지역주민,
공무원 모두 개인보상을 보다 선호하는 것으로 나타났는데, 그 정도는
어업 종사자와 공무원이 보다 크게 나타났다. 그러나, 상대적으로 어업
이외의 지역주민은 '(현금 외) 간접보상'의 선호도가 타 직업군보다 높
은 것으로 나타났다.

〈표 25〉 직업 간 보상방법에 대한 선호도 교차분석결과–직접보상 vs. 간접보상

| 구분 | 직접 vs 간접 | | | 합계 | $x^2$ | P |
|---|---|---|---|---|---|---|
| | (현금으로)직접보상 | (현금 외)간접보상 | 모름 | | | |
| 어업 | 115(23.3%) | 48(9.7%) | 20(4%) | 183(37%) | | |
| 어업외 | 98(19.8%) | 75(15.2%) | 40(8.1%) | 213(43.1%) | 14.177 | .007 |
| 공무원 | 56(11.3%) | 23(4.7%) | 19(3.8%) | 98(19.8%) | | |
| 합계 | 269(54.5%) | 146(29.6%) | 79(16%) | 494(100%) | | |

2) 선호하는 조업 방식

해상풍력단지 설치 시 설치지역 조업방식에 대한 선호도가 〈표 26〉 과 같이 조사되었다. 빈도분석결과 '공사 시를 제외한 전면조업허용', '제 한적 조업허용' 순으로 선호하는 것으로 조사되었다.

〈표 26〉 해상풍력단지 설치 지역 조업방식 선호도 빈도분석결과

| 항목 | 빈도 | 퍼센트 |
|---|---|---|
| 전면조업중단 | 43 | 7.9 |
| 공사 시를 제외한 전면조업허용 | 216 | 39.7 |
| 제한적 조업 허용 | 211 | 38.8 |
| 모름 | 50 | 9.2 |
| 기타 | 24 | 4.4 |
| 합계 | 544 | 100.0 |

조업 방식 선호도에 대한 지역 간 차이를 분석하기 위하여 교차분석 을 실시한 결과 〈표 27〉과 같이 분석되었다. 그 결과 $x^2$=13.964, p<.01 이므로 집단 간 유의한 차이가 있는 것으로 분석되었다. 즉, 조업방식에 대한 거주지 간 차이가 있는 것으로 판단되는데, 고창의 경우 '제한적 조업허용'과 '공사 시를 제외한 전면 조업허용'을 선호하고 있으며, 이 둘 간의 선호정도는 유사한 것으로 보이는데, 부안의 경우 '공사 시를 제외한 전면조업허용'을 보다 선호하는 것으로 나타나는데, 특히 '전면 조업중단'의 경우는 고창이 부안보다 그 정도가 크게 나타났다.

〈표 27〉 해상풍력단지 설치 지역 조업방식 선호도 빈도분석결과

| 구분 | 해상풍력단지 설치지역 조업방법 | | | | | 합계 | $x^2$ | P |
|---|---|---|---|---|---|---|---|---|
| | 전면조업 중단 | 공사 시를 제외한 전면조업허용 | 제한적 조업 허용 | 모름 | 기타 | | | |
| 고창 | 24 (4.8%) | 80 (16.1%) | 81 (16.3%) | 20 (4%) | 18 (3.6%) | 223 (44.8%) | | |
| 부안 | 17 (3.4%) | 117 (23.5%) | 105 (21.1%) | 30 (6%) | 6 (1.2%) | 275 (55.2%) | 13.964 | .007 |
| 합계 | 41 (8.2%) | 197 (39.6%) | 186 (37.3%) | 50 (10%) | 24 (4.8%) | 498 (100%) | | |

　　조업 방식 선호도에 대한 직업 간 차이를 분석하기 위하여 교차분석을 실시한 결과 〈표 28〉과 같이 분석되었다. 그 결과, $x^2$=34.616, p<.001 이므로 집단 간 유의한 차이가 있는 것으로 분석되었다. 즉, 조업방식에 대한 직업 간 차이가 있는 것으로 판단되는데, 어업 종사자의 경우, '공사 시를 제외한 전면조업허용'을, 어업 외 지역주민과 공무원의 경우는 '제한적 조업 허용'을 보다 선호하고 있는 것으로 나타나는데, 어업 외 지역주민이 공무원보다 그 선호정도가 높은 것으로 나타났다.

〈표 28〉 해상풍력단지 설치 지역 조업방식 직업별 선호도 교차분석결과

| 구분 | 조업방법 | | | | | 합계 | $x^2$ | P |
| | 전면조업 중단 | 공사 시를 제외한 전면조업 허용 | 제한적 조업 허용 | 모름 | 기타 | | | |
|---|---|---|---|---|---|---|---|---|
| 어업 | 17 (3.4%) | 84 (17%) | 43 (8.7%) | 21 (4.3%) | 18 (3.6%) | 183 (37%) | | |
| 어업 외 | 15 (3%) | 74 (15%) | 100 (20.2%) | 19 (3.8%) | 5 (1%) | 213 (43.1%) | 34.616 | .000 |
| 공무원 | 9 (1.8%) | 38 (7.7%) | 40(8.1%) | 10 (2%) | 1 (0.2%) | 98 (19.8%) | | |
| 합계 | 41 (8.3%) | 196 (39.7%) | 183 (37%) | 50 (10.1%) | 24 (4.9%) | 494 (100%) | | |

## Ⅵ. 결론

　　해상풍력단지 설치예정지역의 주민(부안, 고창)들을 대상으로 주민들의 인식에 대한 설문 조사를 실시하였다. 그 결과 첫째, 지역주민들은 해상풍력단지가 가져다 줄 수 있는 긍정적인 효과로 경제적 효과, 그 중에서도 관광수입증대, 지역산업발전, 지역이미지 개선을 생각하고 있었다. 특히 이러한 인식은 부안과 고창에서 차이가 있는데 고창지역 주민들은 사회적 효과 측면에, 부안지역 주민들은 경제적 효과 측면에 보다

많은 것을 기대하고 있는 것으로 조사되었다. 다만, 개별적으로 우선순위를 지정하여 살펴보면, 고창, 부안 모두 경제적 측면을 보다 우선시하고 있는 것으로 조사되었다. 결국, 해상풍력단지 성공적 설치는 해상풍력단지의 물리적 속성이 지역 주민들이 바라는 경제적 효과를 발생시킬 수 있을 것이라는 긍정적 인식의 확산 여하에 달렸다고 할 수 있다.

둘째, 규칙에 대한 설문 결과 지역의 의사결정 방법이 지역 간, 직업 간 차이가 나타나지 않았으며, 마을 총회, 일부 지역 리더 순으로 조사되었다.

셋째, 공동체의 속성으로 지역 기존 국책사업의 영향력은 부정적 영향력을 보일 것으로 나타났다. 그 정도는 부안이 보다 큰 것으로 조사되었다.

넷째, 개별 행위자 특성을 살펴보면, 지역주민들이 지역에서 가장 신뢰하는 사람으로는 지역리더(이장, 어촌계장), 지역시민단체(환경단체 등), 군청공무원 순으로 나타났다.

다섯째, 상호작용의 패턴으로 해상풍력단지 설치에 찬반에 대한 인식조사결과 최초설치예정에 대한 발표 시와 현재인식에 대한 대응표본-t 검증 결과 유의미한 변화가 나타나지 않았다. 그러나 유의미하진 않지만 시간의 변화와 이에 대한 정보의 전달로 기존의 중립적인 인식을 가지고 있었던 주민들이 찬반 양쪽으로 변화하고 있었다. 이러한 결과는 향후 정책의 추진 시에 보다 명확한 차이를 보여줄 개연성을 내포하고 있다는 것을 말하여 준다고 할 수 있다.

여섯째, 기타 질문사항에서 풍력단지 설치 시 보상과 관련한 선호도는 집단(공동체보상), 중장기보상, (현금으로) 직접보상이 보다 선호도가 높은데, 이는 직업군에 따라 차이를 보이고 있다. 어업종사자의 경우 개인보상, 단기보상을 더 선호하고 있는 것으로 조사되어 이들 간의 차이에 주목할 필요가 있다. 또한 가장 중요하게 고려할 점은 각 지역 공히 어민피해 최소화와 갈등 최소화를 주문하고 있으나, 고창의 경우, 자연경관훼손 최소화, 수질오염 최소화에도 관심을 가지고 있는 것으로 나타났다.

이제까지의 인식조사결과를 바탕으로 향후 해상풍력단지 설치의 원활한 추진을 위해서는 다음과 같은 사항들을 유의하여 접근해야 할 것이다.

첫째 현재까지 지역주민들의 해상풍력이 가져다 줄 긍정적인 변화에 대한 차별적인 홍보가 없었는데, 지역의 선호도가 높은 부분에 대한 차별적 효과분석과 홍보전략이 필요할 것이다. 비록 경제적 효과를 중요하게 생각하는 것은 동일하지만 경제적 효과에서도 그 요소는 차이가 나타나고 있다. 따라서 이러한 점에 주목하여 관련사항에 대한 긍정적인 효과가 어떻게 나타날 것인지에 대한 보다 면밀한 연구를 통하여 합리적인 예측결과를 제시하여야 할 것이다.

둘째, 지역리더(이장, 어촌계장)에 대한 파트너십 형성에 보다 노력을 하여야 할 것이다. 과거나 현재에도 지역리더 중심의 접근은 하고 있다. 하지만 이것이 입체적으로 지역의사결정의 구조를 고려하지 못하고 있었다고 할 수 있기 때문에 지역의사결정 구조를 명확히 파악하고 그 중심에 위치하는 리더들을 대상으로 파트너십을 형성하는 것이 중요하다.

셋째, 보상에 대한 선호도에 따라 다양한 보상방안을 마련할 필요가 있다. 어민들은 주로 개별, 단기, 직접보상을 선호하고 있으나, 지역주민들은 이보다 집단, 장기 보상을 원하고 있다. 따라서 이러한 다양한 관점을 고려하여 장단기의 차별적이고 맞춤형 보상을 실시하여야 한다. 결국, 어민들을 대상으로 단기적이고 직접보상을 실시해야하며, 지역을 대상으로 하는 장기, 공동체 지원의 방식을 적극적으로 고려하여야 한다.

넷째, 찬반인식 변화차이가 없는 것은 그 동안의 해상풍력단시 설치를 위하여 지역주민에 대한 접근과 이에 따른 설득 전략이 별다른 효과를 나타내지 못했다고 해석할 수 있다. 따라서 해상풍력단지 원활한 설치를 위해서는 그동안의 접근방법에서 보다 다른 변화를 모색하여야 할 것이라는 데에 있다. 이는 위의 모든 논의를 종합하여 접근하여야 하는 데, 무엇보다도 지역주민의 설득에 있어서 지방정부 공무원들과의 협력적 파트너십이 선제적으로 진행되어야 한다. 첫째로 제시되었던 방안에서 차별적인 홍보전략도 파트너십 내에서 논의되어야 한다. 가장 먼저 해상풍력단지 설치로 인하여 나타날 수 있는 경제적 효과와 부정적인 효과에 대한 정확한 제시를 통한 이해의 공감대 형성이 필요하다. 다음으로 해상풍력단지 설치가 지역에 보다 긍정적인 영향을 줄 수 있는 방안들을 협의해 나가야 할 것이다. 마지막으로 지역주민과의 의사소통에서 지방 공무원들에게 중요한 역할을 부여하고 협력하는 것이 보다 바람직한 방안이 될 것으로 판단된다.

# ◆참고문헌◆

김　렬·성도경·이환범·송건섭·조태경·이수창, 2005, 『사회과학 연구 및 논문작성을 위한 통계분석의 이해 및 활용』, 대구: 도서출판 대명 : 85.

김재림, 2013, 「서남해 해상풍력개발사업 추진현황 및 향후계획」, 『2013 서남해안 2.5GW 해상풍력발전 국회심포지엄(2013.5.12.)』, 주관 : 군산대학교 새만금종합개발연구원, GOWIND, 도시형풍력발전원천기술센터, 주최: 김관영국회의원, 군산대학교 : 43.

김형성·김민영·박재필·황성원, 2012, 「해상풍력단지 설치예정지역의 주요 이슈분석 : 담론분석을 통한 IADF적용」, 『한국풍력에너지 학회 춘계학술대회 발표논문집』, 한국풍력에너지학회 : 146.

김형성·김민영·박재필·황성원, 2013a, 「서남해안 해상풍 설치지역의 지역수용성 분석 - 제도분석 틀을 통한 시차적 접근의 적용」, 『한국풍력에너지학회 춘계학술대회 발표논문집』, 한국풍력에너지학회 : 초록.

김형성·김민영·박재필·황성원, 2013b, 「서남해안 해상풍력단지 설치지역 주민보상에 관한 시론적 연구」, 『대한전기전자공학회 추계학술대회 논문집』, 대한전기전자공학회 : 초록.

김형성·김민영·박재필·황성원, 2013c, 「갈등관리에서 주요이해 관계자 도출을 위한 방법론의 모색과 적용」, 『한국자치행정학보』, 27(4) : 78.

네이버 지식백과(검색: 영광원자력 발전소). http://terms.naver.com/entry.nhn?docId=581884&cid=46631&categoryId=46631

동아일보, 2011, 「10조2천억 투입 서남해에 2.5GW 해상풍력단지 구축」, 『동아 Economy』, 11월 11일자.

염미경, 2008, 「풍력발전단지 건설과 지역수용성」, 『사회과학연구』, 47 : 67~70.

염미경, 2009, 「신재생에너지시설 입지에 대한 지역주민들의 태도-풍력발전단지 입지지역 사례를 중심으로」, 『인문논총』, 24 : 213~216.

염미경, 2010, 「풍력발전시설 입지문제의 지역 쟁점화 양상과 시사점」, 『지역
    사회학』, 11(2) : 207~214.

은재호, 2010, 『효과적 갈등해결을 위한 소통방안 연구』, KIPA 연구보고서 :
    48~49.

은재호 · 김형성 · 최대용, 2011, 「국방 · 군사시설 입지갈등의 원인과 해법:
    제주해군기지 사례의 교훈」, 『한국정책학회보』, 20(2) : 322~324.

이강진, 2013, 「해상풍력지원항만 중심 해상풍력산업 발전 방안」, 『2013 서
    남해안 2.5GW 해상풍력발전 국회심포지엄(2013.5.12.)』, 주관: 군산
    대학교 새만금종합개발연구원, GOWIND, 도시형풍력발전원천기술
    센터, 주최: 김관영국회의원 · 군산대학교 : 26.

이희선, 2010, 「풍력발전의 국내외 사례 분석을 통한 주민 수용성 향상 방안」,
    『환경포럼』, 14(6)(통권 149) : 3~12.

한국전력연구원 내부자료.

Hardin, Garrett, 1968, "The Tragedy of the Commons", *Science*, 162 : 1243~1248.

Messick, D. M. & M. B. Brewer, 1983, "Solving Social Dilemmas: A Review", In
    L. Wheeler & P. Shaver (Eds.), *Review of Personality and Social
    Psychology*, 4, Beverly Hill, CA: Sage : 11.

Koontz, Tomas M., 2005, "We Finished the Plan, So Now What? Impacts of
    Collaborative Stakeholder Participation on Land Use Policy", *The
    Policy Studies Journal*, 33(3) : 463~464.

Ostrom, E. Gardner E. R. and Walker J. M., 1994, *Rules, Games, and Common-
    Pool Resources,* AnnArbor : Michigan University Press : 27~49.

# 제2부

# 물 류

# 제4장

# 새만금 활성화를 위한 물류체계 구축 방안

고현정

## Ⅰ. 서론

새만금은 환황해권의 중심에 위치하고 중국과 지리적으로 인접할 뿐만 아니라 광활한 부지활용의 용이성과 고군산군도와 같은 아름다운 섬을 끼고 있어 미래형 신산업(풍력, 태양광, 탄소섬유 등)과 해양관광레저 산업을 육성할 수 있는 하는 최적지로 인식되고 있다. 특히 새만금은 세계 최장 33.9km에 이르는 방조제를 건설해 부지가 조성되며 그 규모가 40,100ha 달하고, 정부는 특별법을 제정하여 이 지역을 저탄소 녹색성장의 시범지역으로 집중 개발하는 전략을 추진하고 있다. 또한 새만금의 동북아 신경제 중심지로 성장시키고자 글로벌 신경제체제의 중심거점, 복합문화관광의 메카, 저탄소 녹색성장 선도, 청정생태의 보고, 세계적 명품 새만금 이미지 제고, 무결점 사업모델 구현의 6대 목표를 설정하였다.

그러나 새만금을 포함한 환황해권의 항만 도시들은 대규모 경제자유구역(Free Economy Zone)을 개발하고, 동북아 역내 물류를 주도하기 위해 치열한 물류거점화 경쟁을 전개하고 있다. 중국은 세계 공장으로서의 입지를 강화하고자 항만, 철도, 항공 교통인프라를 확충하고 있고, 일본, 홍콩, 대만 등도 동북아시아 물류시장 석권을 위한 다양한 전략을 추진하고 있다. 국내적으로도 부산, 인천, 광양은 경제자유구역을 개발하여 해외자본 유치에 많은 노력을 기울이고 있다. 따라서 새만금을 저탄소 녹색성장의 글로벌 거점으로 육성하고 국내외 경제자유구역과의 경쟁에서 우위를 확보하고자 효율적이고 미래지향적인 물류체계 구축은 새만금을 동아시아의 미래형 신산업과 관광레저산업의 허브로 성장하는데 필수적인 요소이다.

새만금의 효율적인 물류시스템은 새만금에 입주한 기업의 생산비 절감을 지원하고, 고객서비스 만족으로 이어지면서 궁극적으로 지역산업의 글로벌 경쟁력 확보에 큰 역할을 담당한다. 특히 국내외적으로 급변하는 물류환경 변화에 대처하면서 새만금의 기업유치 전략에 성공적인 요소로 작용할 것으로 기대된다. 따라서 본 연구의 목적은 새만금의 물류산업 경쟁력을 분석하여 효과적인 물류발전 및 육성 전략수립을 위한 근거를 마련하고, 이를 활용하여 새만금의 성공적인 기업유치 전략을 연계하는데 도움을 주고자 한다. 세부 내용으로 새만금 물류체계의 비전을 명확히 하고, 비전을 달성하기 위한 세부 추진계획을 마련함으로써 물류정책의 방향을 정하고 기업 투자유치를 체계적으로 전개하여 새만금 활성화에 기여하고자 하였다.

## II. 새만금 개발여건 및 계획

### 1. 새만금 배후지 경제현황

새만금 배후지 전북의 2012년 기준 지역내 총생산은 38조 3,892억 원으로 전국의 3.01%를 차지하고 있는데, 이는 1985년 이후 전국에서 차지하는 비중이 지속적으로 감소하다가 1990년대 전반에 증가세를 보인 후 다시 감소하고 있다. 지역내 총생산의 1990~2012년 연평균 증가율은 8.45%로 전국의 평균 8.82%에 미치지 못하며, 대도시인 서울, 부산, 대구의 연평균 증가율을 초과할 뿐 그 외의 타 시도의 증가율에는 미달하는 수준이다. 또한 외국인 투자기업의 입지 또한 상대적으로 취약한데, 2013년 4/4분기 기준 전국 15,583개의 외국인 투자기업 중 전북에는 0.6%인 98개 기업1)만이 입지하고 있다2).

그러나 지역경제 전반의 침체에도 불구하고, 전북의 제조업은 다른 지역에 비해 빠른 속도로 성장하고 있다. 1990년 이후 전북의 제조업 부가가치액은 연평균 11.38%씩 증가하여 전국 평균 9.58%를 초과할 뿐 아니라, 충남과 전남에 이어 전국 3위를 기록하고 있다. 특히 최근 5년간 연평균 증가율은 11.78%로 전국 평균 8.26%와 큰 격차를 보이고 있다. 최근 군산시 등 새만금 배후지역을 중심으로 제조업이 집적하는 경향을 보이고 있다. 군산시에는 군산 1, 2 국가산업단지가 이미 조성되어 있고, 국내의 대표적 기업 가운데 하나인 현대중공업, GM대우 및 그 연관기업이 집적해 있다. 군산시 등록공장의 공장용지가 2007년 9,409천㎡에서 2012년 13,173천㎡로 연평균 752,763㎡, 연간 약 7.0%로 증가하여 전국 230개 지방자치단체 중 5위를 기록하고 있다. 새만금 배후지에는 기존 산업단지 외에도 국내 유일의 식품산업 국가거점인 익산국가식품클러스터, 농식품 분야로 특화된 전북혁신도시, 국가계획으로 추진되는 전주·완주 탄소밸리 개발사업 등이 추진되고 있다. 따라서 이들 사업이 활성화될 경우 새만금 및 그 인근지역의 산업발전 역량은 더욱 강화될 것으로 기대하고 있다.

---

1) 이 가운데 58개 기업은 제조업체임.
2) 산업통상자원부, 외국인투자기업현황(2013년 4분기 기준)를 참고함.

〈그림 1〉 새만금 배후지 사업현황

## 2. 새만금 개발계획

새만금은 1991년 농수산 중심의 농업 및 식량 생산기지로 조성하겠다
는 당초 계획이 2007년 복합용도 개발로 변경되면서 농업과 비농업의
용지 비율을 72%, 28%로 조정되었다. 다시 2008년 10월 다기능 융복합
기지 개발로 변경되면서 농업과 비농업 용지 비율이 30%, 70%로 수정되
어 용지 비율이 역전되었다. 그리고 2010년 1월 새만금 토지이용계획을
산업·관광 등 복합용도 위주로 전환하여 명품복합도시를 만들기 위해
내부개발 구성을 보완하였다. 특히 새만금을 동북아 경제중심지로서 미
래 성장엔진으로 조성하기 위해 새만금 비전을 '새로운 문명을 여는 도
시, 새만금(Ariul)'로 설정하였다. 이를 위해 글로벌 경제중심지(Global),
녹색성장 선도(Green), 물의 도시(Water), 문화·관광 메카(Culture), 인간
중심 도시(Human)로 목표를 설정하였다. 즉 새만금을 사람과 자본, 기

술을 끌어오는 국가의 새로운 성장엔진으로 키우는 것이다. 국내외 투자를 적극적으로 유치하기 위해 동북아에서 가장 매력적인 투자처로 조성하고, 새로운 문명을 창조하는 거점 개발을 통해 글로벌 시대를 선도하는 동북아 경제중심지로 자리잡게 하는 것이다. 개발전략으로는 환황해 경제권의 산업·업무·유통기능을 담당하는 융·복합기지 조성, 녹색계획과 기술에 바탕을 둔 창조적 녹색도시의 구현, 수변을 활용한 명품 이미지 '아리울' 구축, 세계인이 모여서 소통하는 교류의 장, 인간중심의 풍요로운 생활의 5대 전략을 마련하였다.

최근 2014년 9월 새만금 개발계획은 민간 투자 활성화를 위한 수요자 맞춤형 열린(open) 계획으로 변경하고, 글로벌 경제협력 거점으로 육성하는 경제협력특구 개념을 도입하였다. 기본계획 변경의 배경에는 장기화된 경기침체와 국내외 도시들의 생존을 건 투자유치 경쟁의 위기감 속에서 새만금사업의 변화에 대한 요구가 증대하였기 때문이다. 특히 새만금과 비슷한 시기인 1992년에 착공한 중국 푸동지구는 이미 17,000여 개 외국기업이 입주하는 성과를 달성하였다. 또한 새만금의 본격적인 개발을 위해 2011년 3월 새만금 종합개발계획이 수립되었지만, 투자자들의 관심을 환기시키기에는 미흡하다고 인식되었다. 특히 새만금 종합개발계획상 랜드마크로 제시된 복합도시용지의 사업시행자 선정 지연으로 새만금사업에 대한 불확실성이 증가하였다. 저성장시대의 도래, 인구정체 등의 영향으로 투자수요가 크게 감소하여 기존의 투자유치방식과는 다른 혁신적 대안 마련이 필요하였기 때문이다. 새만금사업의 총 사업비 22.2조 원 가운데 약 50%인 10.3조 원이 민간자본으로 이루어진 바, 민간 참여가 사업성공의 관건이므로 투자자 및 기업 입장에서 문제를 진단하고 개선방안을 모색하는 맞춤형 열린 계획이 필요한 것이다.

정부는 새만금에 경협특구를 조성하여 글로벌 경제협력을 강화하고자 탈규제, 집중인센티브 특화방안을 모색하고 있다[3]. 또한 수요자 눈 높이에 맞춘 기업투자환경을 조성하고자 세제 감면, 입지·자금지원 등 인센티브를 다양화하고 투자기업이 원하는 사항에 대해 맞춤형 지원 체계 구축을 구상하고 있다. 특히 투자유치에 미흡하고 오히려 제약요인이 되어온 8대용지 체계를 6대(산업·연구, 국제협력, 관광·레저, 농생명, 배후도시, 환경·생태) 용지체계로 개편하여 투자유치 관점에서 최적화하였다[4].

새만금의 교통축은 새만금에서 유발되는 내부 및 외부 교통량을 원활하게 처리하고, 교통 수단 간 상호 접근성을 최적화하기 위해 철도와 도로가 균형을 이룬 3×3 격자형 간선도로체계를 교통축의 주골격으로 설정하였다. 주간선 도로는 남북3개축, 동서3개축으로 구성하며, 신항만 - 군산공항 - 익산역을 연결하는 복선전철노선은 남북2축과 동서2축상에 연결하였다. 새만금 내부지역 간의 효율적 이동과 기능적 연계를 위해 순환링을 중심으로 신항만, 산업·연구권역, 관광·레저권역 방향의 3개를 보조축으로 설정하였다. 그리고 산업단지 및 신항만으로부터의 화물 운송기능은 주로 동서2축과 남북2축 간선도로와 복선전철노선이 담당하고, 일상적인 통행기능은 순환링 주변에서 각 권역으로 뻗어나가는 보조간선도로가 담당하도록 하였다.

---

3) 규제완화시범지구 도입, 인허가 One-Stop처리, 기업별 전담관리인 지정 등이 있음.

4) 세분화된 용도구분(산업, 과학연구, 신재생에너지, 복합도시, 관광·레저, 농업, 배후도시, 환경·생태)을 단순화하고 용도별 위치·면적 제한을 최소화하여 투자자의 창의성을 살리고 토지이용의 유연성을 제고하고, 상업, 관광, 연구기능 등의 복합적 입주가 가능한 복합용지 개념을 도입함.

〈그림 2〉 새만금 내부 교통망 체계

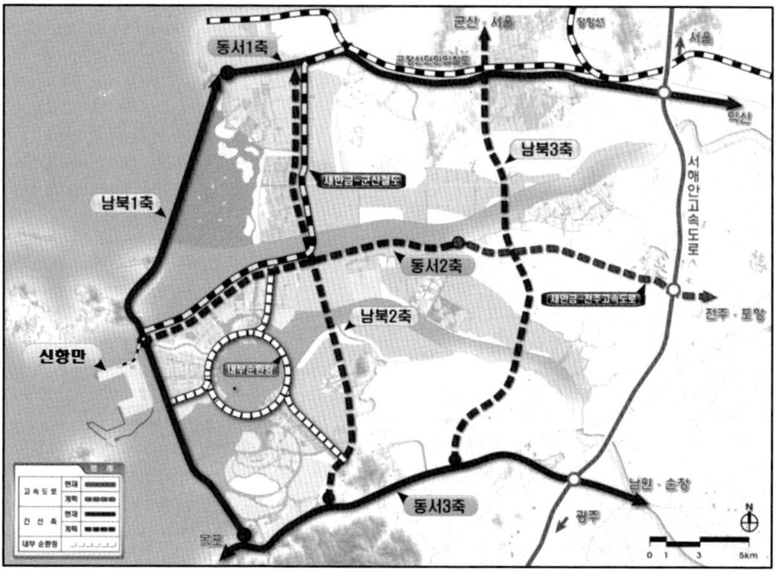

## III. 새만금 물류산업 경쟁력 분석

### 1. 새만금 SER-M 모델 분석

산업의 경쟁력을 설명하고자 조동성(1995)은 9-factor모델을 제시하였는데, 이는 물적요소와 인적요소로 나누고 국제경쟁력 강화의 주체인 인적요소가 물적요소를 만들어 나가는 동태성을 강조한 모델이다. 그후 9-factor모델의 구조적인 약점을 보완하고자 SER-M 모델을 제시하였고, 본 연구에서는1 새만금의 물류산업 경쟁력을 분석하고자 SER-M 모델을 적용하였다. 이는 주체(Subject), 환경(Environment), 자원(Resource), 메커니즘(Mechanism)의 4요소로 구성된다. 주체(S)는 기업가, 정치가, 행정 관료를 포함하며, 한 기업이나 국가의 성공 원인을 그 지도자로부터 찾는 방법이다. 환경(E)은 자연환경, 천연자원, 기업환경 및 연관 산업을 포함하며, 기업의 경쟁력은 기업을 둘러싸고 있는 환경에 의해 결정된다는 주장에 의해 인위적으로 기업에 유리한 환경을 만드는데 주안점을 둔다. 자원(R)은 기업이 가지고 있는 힘, 즉 남이 가지지 못한 자원을 개발하여 이를 기초로 경쟁력을 확보해야 한다는 자원 중심시대에서 중요시되었다. 마지막으로 메커니즘(M)은 주체가 환경과 자원을 결합시켜 경쟁력을 강화시키는 것으로 4가지 요소 가운데 가장 중요한 요소이다.

1) 기회요인

주체적 관점에서 중국의 높은 경제성장에 따라 환황해 경제권의 중요성이 부각되면서 새만금에 진출할 기업들이 점차적으로 증가하는 추세이며, 국가적 차원에서도 새만금을 신산업 생산 및 물류중심지로 육성하려는 정책 추진하고 있다. 환경적 관점에서 급성장하고 있는 중국과 인접하여 국제 분업화에 대한 지역별 거점의 역할에 유리하다. 이에 따라 선사의 전용터미널 확보 및 기항지 패턴 변화 전략에 새만금 신항이 선택 되어질 가능성이 존재한다. 자원적 관점에서 기초 인프라인 신항만 건설, 호남고속철도 건설 추진, 저탄소 및 신생에너지 단지 구축, 새만금 투자유치 활성화를 위한 각종 규제완화 추진 등의 자원이 개발되고 있다. 메커니즘 관점에서 정부는 항만-생태-신재생에너지-국제물류-산업-관광 등을 아우르는 세계 명품도시 개발정책 추진하고 있고, 녹생성장 관련 기업에 대한 지원제도가 강화될 것으로 전망된다.

2) 위기 요인

주체적 관점에서 새만금 개발은 정부의 4대강 사업에 비해 상대적으로 관심이 부족하게 진행되었다. 환경적 관점에서 중국항만에 대한 직기항 증가로 인하여 경쟁력이 약한 군산항 Skip 현상이 발생될 가능성이 있으며, 특히 중국항만의 급성장과 국내외 항만 간 경쟁이 더욱 심화되고 있다. 또한 중국항만 인근에 대대적으로 FEZ를 개발하고 있고, 국내적으로 부산, 인천, 광양의 FEZ과도 경쟁이 심화되고 있다. 자원적 관점에서 국내 화주 및 포워딩 기업의 항만선택 전략에서 기존 거대 항만인 부산 및 광양항 이용을 선호하고 있다. 메커니즘 관점에서 새만금은 물류산업 경쟁에 상대적으로 후발 주자로 진출함으로써 선점효과가 미비하다.

3) 강점 요인

주체적 관점에서 지역 정치가 및 행정 관료의 새만금을 활용한 물류산업 육성에 대한 강한 의지를 유지하고 있다. 환경적 관점에서 간척사업으로 만들어진 인근 지역보다 상대적으로 저렴하고 넓은 부지를 확보할 수 있다는 이점이 있다. 특히 자동차 부품, 기계장비, 화학 및 정밀화학 업종을 중심으로 기업유치 실적이 크게 증가하고 있고, 신 재생에너지 관련 업종의 진출이 증가하고 있다[5]. 또한 풍부한 고군산 군도와 같은 해양문화를 갖고 있다.

4) 약점 요인

주체적 관점에서 새만금 관련 지자체 간 협력체계가 미약하고, 환경적 관점에서 물류기업들이 대부분 영세하고 관련 물류시설이 부족하다. 그리고 자원적 관점에서 대형화주 유치가 미비하여 화물창출 능력이 부족하여 물류산업 발전에 어려움 직면하고 있다. 마지막으로 메커니즘 관점에서 후발주자로서 항만물류산업 발전 메커니즘이 형성되지 못하고 있다. 이에 따라 항만개발 자체뿐만 아니라 배후산업단지, 물류기업,

---

5) 자동차부품 및 기계장비 생산기업, 선박건조 및 기자재 생산기업, 화학 및 정밀화학 업종 기업, 재생에너지 관련 기업 등이 입주하고 있음.

물류 시설 등 총체적인 관점에서 활성화가 미비하다.

## 2. SER-M 모델의 시사점

전북지역의 취약한 산업구조 및 물류인프라 부족으로 인해 현시점에서 군산항의 물동량 처리 수준은 미약한 수준이나 향후 새만금 개발에 따른 넓은 부지활용, 재생에너지 특화, 명품복합도시 등을 활용하면 미래 발전 잠재력은 크다고 할 수 있다. 동 지역이 자연적 요인보다는 계획에 의해 만들어지고 있기 때문에 총체적 활성화 메커니즘을 형성하기 위해서는 많은 시간과 노력이 필요하고, 이를 체계적으로 형성해 가는 장기 비전 및 목표설정이 매우 중요하다. 특히 군산항이 해상풍력단지 지원 전용항만으로 지정됨에 따라 2019년까지 물동량 350만R/T(2011년 군산항 총 물동량 1,980만R/T의 17.6%)을 추가 확보되며, 더불어 조선·해양플랜트 등의 산업과 연관시켜 기업유치와 고용창출이 가속될 것으로 전망된다.

주체적 관점에서 군산항은 새만금 개발과 밀접히 연계되어 있는 바, 새만금개발 전략과의 부합성을 검토하는 것이 필요하다. 환경적 관점에서 항만준설, 물류센터, 항만배후단지개발, 철도, 도로, 공항 등 물류인프라 확충에 대한 지속적인 필요성을 부각해야 한다. 자원적 관점에서 효율적인 연계수송 인프라를 확충하는 것이 필요하다. 특히 메커니즘 관점에서 시장원리 메커니즘 보다 '정교한 비전'에 의한 체계적인 메커니즘을 만들어 가는 것이 요구된다. 이를 위해 항만물류산업을 총괄하여 관리·조정할 수 있는 조직의 설립이 필요하다고 판단되며, 이 조직을 활용하여 초기 단계에 종합적인 관점에서 활성화 메커니즘을 강력히 추진해야한다. 이를 위해 화주-선사-3PL-포워딩 업체의 전략적 협력체계 방안을 모색해야 한다.

〈표 1〉 SER-M모델 시사점

| 구분 | 관련변수 및 고려사항 |
|------|---------------------|
| 주체 | ·지자체간 협력체제 구축이 중요<br>·지방과 중앙정부와의 양방향 협력체제 강화<br>·산-관-연의 전문가 의견을 종합한 이용자 중심 행정체계 구축 중요 |
| 환경 | ·항만준설, 물류센터, 항만배후단지, 공항, 철도, 도로 등 물류인프라 확충에 대한 지속적인 필요성 부각<br>·타 지역과의 선점경쟁 차원에서 새만금 지역의 부지조성 및 활용시기 조기화 부각<br>·파격적 기업유치 조건 마련<br>·주거, 교육, 의료 환경 개선<br>·외국인 거주 환경 개선 |
| 자원 | ·화주기업과 물류업체와의 상호관계 분석을 통한 Win-Win 협력체계 구축<br>·신 재생에너지 및 생태산업과의 물류시스템과의 연계 추진<br>·해양자원 특히 관광자원과 농축산수산 자원을 연계한 물류산업 발전모색<br>·부족한 물류시설 확보 전략 수립 |
| 메커니즘 | ·화주-선사-3PL-포워딩 업체의 전략적 협력체계 방안 모색<br>·영세 물류기업의 전문화 및 대형화 방안 모색<br>·물동량 창출 방안 모색<br>·경제성과 효율성을 조화한 녹색물류 체계 구축 방안 모색<br>·대형화주 유치 방안 모색 |

# IV. 새만금 물류체계 구축방안

## 1. 비전과 목표

새만금 지역은 미래형 신산업의 생산기반을 중심으로 생산기능을 강화하고 국내외 투자유치를 적극 추진하고 있는 바, 물류정책 비전으로 "글로벌 신경제 물류거점 실현"으로 설정하고자 한다. 즉 미래형 신산업의 생산기반을 확대하고 혁신 클러스터를 구축하여 지역의 경쟁력 강화 및 국가 신성장 동력 창출에 기여하는 것이다. 그리고 비전을 달성코자 3가지 추진 목표, 환경과 경제성을 고려한 효율적 물류체계 선도, 물류산업의 글로벌 경쟁력 강화, 물류산업-신산업-관광산업 시너지 극대화를 설정하였다.

　환경과 경제성을 고려한 효율적 물류체계 선도는 기존의 물류체계는 비용과 시간 측면의 효율성이 강조된 반면, 미래의 물류 체계는 비용, 시간, 환경을 모두 고려한 3차원적 접근이 필요하기 때문이다. 특히 새만금은 저탄소 녹색성장의 선도 지역으로 개발되고 있는 바, 환경과 경제성을 고려한 총체적인 물류체계를 구축하는 선도자의 역할이 강조된다. 물류산업의 글로벌 경쟁력 강화는 새만금이 글로벌 신경제거점으로 성장하기 위해서는 물류부문의 효율성 강화를 통해 기업물류비 절감을 도모함으로써 물류산업이 신산업의 경쟁력 강화에 중요한 역할을 담당해야 한다. 따라서 물류산업의 글로벌 경쟁력 강화 없는 새만금의 글로벌 신경제 거점화 달성은 불가능하다고 할 수 있다. 물류산업-신산업-관광산업 시너지 극대화는 물류산업 발전은 규모의 경제 원리가 잘 적용되는 산업으로서 그 지역의 물동량 창출 능력에 큰 영향을 받는다고 할 수 있다. 따라서 생태산업, 신 재생에너지, 첨단식품산업 등의 신산업과 관광자원을 연계한 다양한 비즈니스 모델 개발은 자생력 있는 물류산업 발전에 중요한 역할을 담당한다.

〈그림 3〉 새만금 물류체계 비전 및 목표

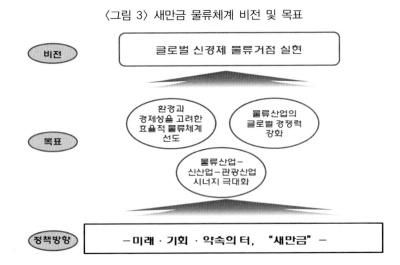

비전과 목표를 달성하기 위해 4대 추진전략은 ⅰ) 하드웨어 물류인프라 확충, ⅱ) 소프트웨어 물류시스템 강화, ⅲ) 녹색물류체계 구축, ⅳ) 화물창출 메커니즘 강화로 설정하였다.

<그림 4> 새만금 물류정책 기본 방향

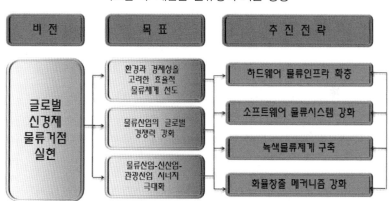

## 2. 세부추진 전략

### 1) 하드웨어 물류인프라 확충

동북아지역 물동량 증가에 따라 동북아 경쟁국간의 물류인프라 확충 경쟁이 치열하게 진행되고 있다. 그러나 국내의 항만, 공항, 철도, 유통단지, 화물터미널 등의 물류인프라개발 계획은 지역 간 이해대립, 추진 타당성에 대한 시비 등으로 지연, 중단되는 사례가 빈발하고 있는 실정이다. 또한 우리나라 지형 특성상 전북은 동고서저 형상으로 수도권 지향형의 남북 연계네트워크가 발달된 반면, 동서지역 간 지역통합성 제고를 위한 연계망이 미흡한 실정이다. 항만 물동량의 경우 중국효과에 따른 물동량 증가와 해상운송 루트 변화 즉 중국 항만의 직기항 증가가 예상된다. 또한 익산의 국가식품클러스터의 영향으로 곡물과 농산물의 저장, 가공, 유통, 생산 등의 거점으로 항만 물동량이 증가될 것으로 기대된다.

산업이 활성화될 경우 항만 물동량뿐만 아니라 항공 화물에 대한 수요도 빠르게 증가할 것으로 전망된다. 이는 관광자원, 즉 전주 및 익산, 김제, 완주군을 중심으로 다양한 문화유적, 유물, 민속축제, 세시풍속, 전통예술, 향토음식 등 관광 개발 잠재력이 높은 역사 문화자원을 보유하고 있기 때문이다. 또한 변산반도 국립공원, 고군산군도, 해안, 해상, 도서 등 매력적인 해양 관광자원을 보유하고 있다. 새만금은 해양과 내륙의 연계가 용이한 위치에 입지하여 국제 관광시장에서 위상이 증대되고 있는 동북아 시장에서의 관광교류 및 협력의 중심적 역할을 할 것으로 예상된다. 더욱이 새만금 명품복합도시로 개발에 따른 인지도 및 관심증대로 관광명소로서의 성장 잠재력이 점차 높아질 것이다.

<표 2> 하드웨어 인프라 확충 추진과제

| 전략 | 추진 과제 | 실천 과제 | 세부실천과제 | 일정 |
|---|---|---|---|---|
| 하드웨어 인프라 확충 | 항만 및 공항 건설 | 항만 건설 | 새만금 신항만 조기 건설 | 단중기 |
| | | | 크루즈항 개발 방안 | |
| | | | 마리나 시설 개발 방안 | |
| | | 항공수요 입증 등 당위성 확보 | 군산공항 확장 | 단중기 |
| | | | 미국 등과 SOFA 협정관련 사전 협의 | |
| | 육상 교통 네트워크 확충 | 도로 네트워크 확충 | 고속도로네트워크 확충(새만금-포항, 군산-익산-장수-울산 등) | 단중기 |
| | | | 국도 및 지방도 확충(새만금 신항~공항~혁신도시~전주~기업도시~태권도 공원 연계 도로 확충, 고창~내장IC, 새만금~만경, 김제~전주 등 연계도로 확충) | |
| | | | 새만금 내부 간선도로 네트워크 구축(미래형 신교통 수단에 의한 녹색 교통물류체계 구축) | |

| | | 광역철도 네트워크 확충(새만금-군산, 새만금-전주-김천, 군산-목포 등) | |
|---|---|---|---|
| 철도네트워크 확충 | | 호남고속철도 및 군산·전라선 복선전철화 사업 | 단중기 |
| | | 새만금 철도 익산-군산(군산선 23.1km), 군산-옥구(옥구선 11.1km)의 외항까지 연계 추진 | |
| 물류 및 유통시설 | Inland Container Depot 개발 | ICD 개발 연구(수요조사, 최적 위치, 타당성 등) | 단중기 |
| | 농축산물 유통시설 개발 | 농축산물 유통시설 개발 연구(농산물저온창고, 냉동창고 등의 시설 수요조사 등) | |
| 항만 배후 단지 | 항만배후단지 개발 | 항만배후단지(FEZ, FTZ 등)의 조기 개발 | 단중기 |
| | | 배후물류단지 지속적 확충 및 자유무역지역 지정 신산업단지와 국제물류시설의 연계 등 | |

## 2) 소프트웨어 물류시스템 강화

군산항 이용 화주들은 전반적으로 물류서비스 수준이 낮다고 인식하고 있는데, 해상운송의 경우 해상운임이 높고 항로가 다양하지 못해 적기선적에 많은 애로가 있는 것으로 조사되었다. 해상운송과 관련하여 운임 및 선적 정보가 신속히 제공되지 않으며, 컨테이너 내륙운송의 경우 운임이 타 지역에 비해 상대적으로 높게 책정되고 있는 실정이다. 통관의 경우 통관절차의 단순화 및 간소화가 필요하다는 지적이 제기되고 있으며, 통관업무의 전산화 및 자동화도 필요한 것으로 나타났다. 원활한 통관을 저해하는 요인으로 통관 및 보세운송 절차의 복잡성이 가장 큰 문제점으로 지적되고 있다. 따라서 IT기술 및 물류기술이 발전함에 따라 글로벌 물류시스템은 첨단화·자동화되면서 물류서비스의 전문화 및 고도화는 물류산업의 경쟁력 강화에 아주 중요하다. 또한 글로벌 기업의 국내진출과 정부, 기업 차원의 글로벌 물류전문가 수요가 증대될 것으로 전망되고, 외국 물류전문가의 국내 진출도 가속화될 것으로 전망된다.

### 〈표 3〉 소프트웨어 물류시스템 강화 추진과제

| 전략 | 추진과제 | 실천과제 | 세부실천과제 | 일정 |
|---|---|---|---|---|
| 소프트웨어 물류시스템 강화 | 물류산업 선진화 | 물류전문기업 활성화 | 지역물류기업의 대형화 유도 방안 마련 | 중장기 |
| | | | 지역 물류기업의 종합물류인증 유도 | |
| | | | 지역 화물운송주선업의 경쟁력 강화 | |
| | | Win-Win 협력체제 구축 | 화주-물류업체간 전략적 파트너십 구축 | 중장기 |
| | | | 화주의 물류아웃소싱 확대 유도 방안 마련 | |
| | U-물류체계 구축 | 물류정보망 구축 | 중소 물류기업 사내 정보와 촉진 | 단중기 |
| | | | 전북 물류거점 물류정보네트워크 구축 | |
| | | | 전북 화물차량 물류정보화 추진 | |
| | | | 전북 통합물류데이터베이스 개발 | |
| | | 산업간 연계 정보망 구축 | 관광-교통-물류 연계 종합정보망 구축 | 중장기 |
| | | | 전북 농축산수산 식품 종합유통정보망 구축 | |
| | | | 환황해 경제권 물류관련 데이터베이스 구축·운영 | |
| | | 해운항만 정보시스템의 고도화 추진 | 글로벌 SCM 체제 구축 | 중장기 |
| | | | 해운-항만-물류를 연계한 통합정보체계 구축 | |
| | 국제수준의 물류보안체제 구축 | 물류흐름의 효율화 | 중소기업의 물류보안 인증 획득 지원 | 중장기 |
| | | | 위험물 운송관리시스템 구축 및 연계 서비스 제공 | |
| | | 항만보안 체계 효율화 | 효율적 항만 출입통제 연계시스템 구축 | 중장기 |
| | 물류표준체계 확대 | 국가물류 표준화와 새만금 연계 추진 | 전북 입주기업의 물류표준화 지원 방안 | 단중기 |
| | | | 물류표준화에 대한 기업의 인식제고를 위한 홍보활동 강화 | |
| | | | 표준 팔레트화로 적재효율을 높이고 일관 팔레트화를 촉진할 수 있는 외부포장 표준규격의 이용 촉진 | |
| | | | 팔레트풀시스템(PPS: Pallet Pool System) 운영 | |
| | | 물류장비의 자동화 및 기계화 | 생산성 제고를 위한 물류기기의 자동화 및 기계화 추진 | 단중기 |
| | 물류전문인력 양성 | 물류전문가 양성과정 개발 | 물류 선진국 물류관련 학과와의 교류프로그램 운영 및 물류신지식 보급 | 단중기 |
| | | | 수요자 중심 맞춤형 물류교육프로그램 개발 | |
| | | | 물류자격증 취득 실무과정 개발 | |
| | | 물류 인턴사원제 도입 | 물류기업의 대학생 인턴사원제 운영 및 지원 | 단중기 |

| | | 물류전문인력의 수급 | 물류인력 수요실태조사 및 수급 | 단중기 |
|---|---|---|---|---|
| 효율적 물류 네트워크 구축 | | 물류전문가 Pool제 운영 | 물류전문가 Pool 구성을 통한 물류산업 선진화 추구 | 단중기 |
| | 신 물류체계 구축 | | 초고속화물선(위그선)을 이용한 물류시스템 개선 | 중장기 |
| | | | 복합운송수단을 활용한 군산항의 역할 | |
| | 거점 물류시설의 최적 배치 | | 거점 물류시설 종합적 최적배치 | 단중기 |
| | | | 물류센터, 화물터미널 등 물류거점 시설 체계화 | |
| | 물류시설의 확충 | | 도시 내 공동집배송 시설 확충 및 정비 | 단중기 |
| | | | 보관거점 물류시설의 확보 | |
| | | | 물류유통단지 건설 및 기존 물류시설의 통합 및 조정 | |
| | | | 화물터미널의 복합물류기능 강화 | |

3) 녹색 물류체계 구축

전 세계적으로 발생하고 있는 기상이변은 무분별한 자원의 개발, 인프라 건설, 산업시설 건설 등에 따른 지구환경 파괴에서 기인하고 있다고 인식되고 있다. 이에 따라 국제사회는 환경오염, 오존층 파괴, 생물종 감소 등의 총체적인 환경위기에 대비하고자 환경규제를 강화하고 있다. UN의 기후변화협약 당사국들은 2007년 12월 포스트 교토의정서 합의를 위한 발리로드맵을 채택함에 따라 선진국뿐만 아니라 개도국도 온실가스 배출삭감 의무를 이행해야한다. 항만의 경우 화물트럭, 기차, 선박, 항만하역장비 등 다양한 대기오염 발생원들이 복합적으로 활동하고 있어 대기오염이 심각한 지역이다. 주요 대기오염 물질은 디젤분진(DPM), 질소산화물(NOx), 황산화물(SOx), 이산화탄소($CO_2$)등이다. 미국의 LA항에서는 '클린트럭프로그램'과 '저유황연료유 사용정책'을 병행하여 트럭과 선박의 온실가스 배출량을 대폭 감소시키고 있다. 또한 EU, 일본, 싱가포르 등 주요 항만들에서는 이미 항만권역 내의 온실가스 배출량을 줄이기 위한 다양한 제도와 정책을 시행하고 있다.

정부는 건물, 교통, 도시, 수자원, 해양 등 국토해양정책의 전 분야에 저탄소 녹색성장의 개념을 내재화하였다. 이를 통해 우리 국토와 국민 생활 전반의 녹색혁명으로 확산하고, 재난으로부터 안전한 국토해양 기반을 조성하자는 것이다. 우리나라 교통체계는 에너지 및 온실가스를 대량 소비하는 도로교통 위주로 발달되어 있어 환경대책이 필요하다[6]. 이에 따라 전북은 온실가스 배출량 조사와 감축 잠재 량을 분석하여 온실가스 감축목표를 설정하여 환경규제를 강화하고 있다. 즉 저탄소 도시계획, 신재생에너지와 탄소흡수원 확충, 등 온실가스 저감대책을 마련하고 있다. 특히 새만금은 저탄소 신재생에너지 산업을 육성하는 지역으로 환경대책은 아주 중요하다.

〈표 4〉 녹색물류 체계 구축 추진과제

| 전략 | 추진과제 | 실천과제 | 세부실천과제 | 일정 |
|---|---|---|---|---|
| 녹색물류체계구축 | 에너지저감물류체계구축 | 재생에너지활용 | 신재생에너지와 물류체계 연계 방안 수립 | 중장기 |
| | | 녹색물류체계모니터링 | 온실가스 오염실태 분석 | 단중기 |
| | | | 온실가스 배출관리목표 및 평가지표 구축 | |
| | | | 친환경 종합정보관리 시스템 구축 방안 수립 | |
| | | | 친환경 정책 및 프로그램 수립 | |
| | 물류공동화추진 | 공동집배송체계 구축 | 산업단지별 및 산업단지간 공동집배송 가능성 검토 | 단중기 |
| | | 공동물류센터 활용 | 공동물류센터 조성 검토 | 단중기 |
| | | | 한중일 공동물류센터 조성 가능성 검토 | |
| | | 물류공동화지원방안 | 화물운임 및 화물보관요율 체계 활용 | 단중기 |
| | | | 물류공동화 활성화 방안 수립 | 중장기 |
| | 친환경교통체계구축 | 효율적환적체계구축 | 철도/해상/육상 연계 효율적 환적시스템 구축 | 단중기 |
| | | 친환경장비도입 | 무공해 신교통수단 도입 | 중장기 |
| | | | 저공해 화물차 및 물류장비 활용 유도 | 중장기 |

---

6) 여객수송분담률: 도로 86%, 철도 14%, 항공 0.3%, 해운 0.1%; 화물수송분담률: 도로 74%, 철도 8%, 해운 18%, 항공 0.1%; 도로교통 : 교통부문 에너지 79.2%, 온실가스 배출량 84.5% 차지함.

| | | | |
|---|---|---|---|
| 녹색<br>물류<br>협력<br>체계<br>구축 | 녹색물류<br>협의회<br>운영 | 녹색물류 운영협의회 구성 및 활성화 | 단중기 |
| | | 녹색물류 관련 아이디어 교환 및 파트너십 구축 | |
| | 녹색물류<br>전문인력<br>양성 | 녹색물류 국제전문가 인력양성 프로그램 구축 및활용 | 단중기 |
| | 정맥물류<br>거점화 | 국내 생태산업 물류거점화 추진 | 단중기 |
| | | 한중일 생태산업 물류비즈니스 모델 개발 | 중장기 |

4) 화물창출 메커니즘 강화

새만금의 넓은 부지는 기업의 글로벌화가 진전되고 환황해 경제권의 전략적 중요성이 강조됨에 따라 한·미, 한·EU, 그리고 한·중 FTA로 이어지는 한국 경제의 전면적 개방을 외국인 직접투자 유치의 획기적 확대 기회로 활용하고 있다. 전북은 자동차부품 및 기계 산업, 식품·생물산업, RFT(방사선 융합) 및 대체에너지 산업, 전통문화·영상·관광 산업을 4대 전략산업으로 채택 하고 있다. 경제자유구역의 경우 행정·통관·수출입 등에 대한 One-stop 지원서비스를 제공하고, 법인세와 소득세를 감면하는 제도를 운영하고 있다. 그러나 군산항 컨테이너부두의 정기선 컨테이너 운임이 타 항만에 비해 상대적으로 너무 높은 편이다. 또한 군산항은 수출입 화물량의 불균형으로 부산항, 광양항으로부터 공컨테이너를 공수해야 하기 때문에 전북 화주들의 공컨테이너 조달비용이 부담으로 작용하고 있다. 전북의 컨테이너 발생 물동량의 85%가 광양항과 부산항을 이용하고 있는 실정으로 군산항 컨테이너 물동량 확보를 위해서는 물동량 창출 메커니즘을 강화하는 전략이 필요한 실정이다.

## 〈표 5〉 물동량 창출 메커니즘 강화 추진과제

| 전략 | 추진과제 | 실천과제 | 세부실천과제 | 일정 |
|---|---|---|---|---|
| 화물 창출 메커니즘 강화 | 총제적 의사 결정의 신속성 확보 | 활성화 추진조직 구성 | 물류산업 집중영역 파악, 선진물류 동향 파악, 물류관련 정책 검토 | 단중기 |
| | | 투자 및 정주 여건 개선 | 의료인프라 개선 추진 | 중장기 |
| | 국제 분업화 구조 분석 | 핵심 유치산업 분석 | 한중일 국제 분업화 분석을 통한 군산항 전략 수립 | 단중기 |
| | | 산업의 국제분업화 | 조선기자재 산업의 국제 물류체계 분석 | 단중기 |
| | | | 자동차 산업의 국제 물류체계 분석 | 단중기 |
| | | | 자동차 및 기계부품 연계 물류산업 발전방안 수립 | |
| | | | 친환경 첨단소재 산업(탄소섬유, 항공부품 등)의 기종점 분석 | 단중기 |
| | | | 식품클러스터의 물류체계 분석 | 단중기 |
| | 항만 배후 단지 활성화 추진 | 배후단지 활용 비즈니스모델 개발 | 항만 배후단지의 부가가치 기능 강화 | 중장기 |
| | | | 고객 맞춤형 물류비즈니스 모델 개발 | 중장기 |
| | | 국제물류기지화 | 업무처리절차 간소화 및 정보화 추진 | 중장기 |
| | 군산항 경쟁력 강화 | 새로운 항로 개척 | 글로벌 네트워크 구축 및 주변국 항만과의 협력관계 강화 | 중장기 |
| | | | 군산 신항만 건설 시 대형선사 및 글로벌터미널 운영사 참여 유도 | |
| | | | 한·중 항만간 협력체제 구축 방안 수립 | |
| | | 지속적 물동량 확보 | 정기선사 및 고객과의 파트너십 강화 | 중장기 |
| | | | 주요 컨테이너터미널 처리물동량의 국내외 기종점 (O/D) 분석 | |
| | | | 군산항 Port Sale 및 타겟 마케팅 전략 수립 | |
| | | 항만운영 효율화 | 하역장비의 현대화 지속적 추진 및 강화 | 중장기 |
| | | | 터미널 일괄서비스 제공체제 구축 | |
| | | | 내륙 복합운송체계(철송 등) 강화 | |
| | | | 항만인력구조 유연성 확보 | |
| | 물류 기업 유치 | 국제물류센터 유치 | 환황해권의 물류유통 거점화 추진 | 중장기 |
| | | | 농축산식품 물류센터 유치 | |
| | | LCL화물 집화기능 강화 | 군산항 진출 포워더 유치 전략 마련 | 중장기 |
| | | | 유치가능 LCL 화물량 분석 | |

## V. 결론

새만금은 환황해권의 중심에 위치하여 중국과 인접하고 광활한 부지 활용의 용이성이라는 지리적 장점과, 정부의 저탄소 녹색성장을 위한 시범지역으로 집중 개발하겠다는 의지가 녹아 있는 지역이다. 그러나 새만금을 포함한 환황해권의 항만 도시들은 대규모 경제자유구역을 개발하고, 동북아 역내 물류를 주도하기 위해 치열한 물류거점화 경쟁을 전개하고 있다. 따라서 새만금의 글로벌 거점으로 육성하기 위한 효율적이고 미래지향적인 물류체계 구축은 새만금에 입주한 기업의 생산비 절감을 지원하고, 고객서비스 만족으로 이어지면서 궁극적으로 지역산업의 글로벌 경쟁력 확보에 큰 역할을 담당한다.

새만금 배후지의 제조업 부가가치액은 연평균 11.38%씩 증가하여 전국 평균 9.58%에 비해 빠른 속도로 성장하고 있다. 특히 군산시에는 군산 1, 2 국가산업단지가 이미 조성되어 있고, 국내의 대표적 기업 가운데 하나인 현대중공업, GM대우 및 그 연관기업이 집적해 있다. 또한 기존 산업단지 외에도 국내 유일의 식품산업 국가거점인 익산국가식품클러스터, 농식품 분야로 특화된 전북혁신도시, 국가계획으로 추진되는 전주·완주 탄소밸리 개발사업 등이 추진되고 있다. 2014년 9월 새만금 개발계획은 민간 투자 활성화를 위한 수요자 맞춤형 열린(open) 계획으로 변경하고, 글로벌 경제협력 거점으로 육성하는 경제협력특구 개념을 도입하였다. 기본계획 변경의 배경에는 장기화된 경기침체와 국내외 도시들의 생존을 건 투자유치 경쟁의 위기감 속에서 새만금사업의 변화에 대한 요구가 증대하였기 때문이다. 따라서 본 연구는 새만금 물류체계의 비전을 명확히 하고, 비전을 달성하기 위한 세부 추진계획을 마련함으로써 물류정책의 방향을 정하고 기업 투자유치를 체계적으로 전개하여 새만금 활성화에 기여하고자 하였다.

새만금의 물류산업 경쟁력을 분석하고자 SER-M모델을 적용하여 분석하였다. 주체적(S) 관점에서 군산항과 새만금개발 전략과의 부합성을 검토하는 것이 필요하다. 환경적(E) 관점에서 항만준설, 물류센터, 항만 배후단지개발, 철도, 도로, 공항 등 물류인프라 확충에 대한 지속적인 필요성을 부각해야 한다. 자원적(R) 관점에서 효율적인 연계수송 인프라를 확충하는 것이 필요하다. 그리고 메커니즘(M) 관점에서 시장원리 메커니즘 보다 '정교한 비전'에 의한 체계적인 메커니즘을 만들어 가는 것이 요구된다. 이러한 경쟁력 분석을 바탕으로 새만금 지역의 물류정책 비전으로 "글로벌 신경제 물류거점 실현"으로 설정하였다. 그리고 비전을 달성코자 3가지 추진 목표, 환경과 경제성을 고려한 효율적 물류체계 선도, 물류산업의 글로벌 경쟁력 강화, 물류산업-신산업-관광산업 시너지 극대화를 설정하였다. 비전과 목표를 달성하기 위해 4대 추진전략은 ⅰ) 하드웨어 물류인프라 확충, ⅱ) 소프트웨어 물류시스템 강화, ⅲ) 녹색물류체계 구축, ⅳ) 화물창출 메커니즘 강화로 설정하였다.

하드웨어 물류인프라 확충을 위해 항만건설, 항공수요 입증 등 당위성 확보, 도로네트워크 확충, ICD 개발, 농축산물 유통시설 개발, 항만 배후단지 개발을 실천과제로 제시하고 15가지 세부 실천과제를 제시하였다. 소프트웨어 물류시스템 강화는 물류전문기업 활성화, Win-Win 협력체계 구축, 물류정보망 구축, 산업간 연계 정보망 구축, 해운항만 정보시스템의 고도화 추진, 물류흐름의 효율화, 항만보안 체계 효율화, 국가물류 표준화와 새만금 연계추진, 물류장비의 자동화 및 기계화, 물류전문가 양성과정 개발, 물류인턴사원제 도입, 물류전문인력 수급, 물류전문가 Pool제 운영, 신물류체계 구축, 거점 물류시설 최적배치, 물류시설의 확충을 실천과제로 제시하고 36가지 세부 실천과제를 제시하였다. 녹색물류체계 구축을 위해 재생에너지 활용, 녹색물류체계 모니터링, 공동집배송 체계 구축, 공동물류센터 활용, 물류공동화 지원방안, 효율적 환적체계 구축, 친환경 장비도입, 녹색물류협의회 운영, 녹색물류 전문인력 양성, 정맥물류 거점화를 실천과제로 제시하고 18가지 세부 실천과제를 제시하였다. 마지막으로 물동량 창출 메커니즘 강화를 위해 활성화 추진조직 구성, 투자 및 정부 여건 개선, 핵심유치산업 분석, 산업의 국제분업화, 배후단지 활용 비즈니스 모델 개발, 국제물류기지화, 새로운 항로개척, 지속적 물동량 확보, 항만운영 효율화, 국제물류센터 유치, LCL 화물 집화기능 강화를 실천과제로 제시하고 25가지 세부 실천과제를 제시하였다.

# ◆참고문헌◆

고현정, 2012, 「해상풍력 전용항만 입지선정 평가항목에 관한 연구」, 『한국항만경제학회지』, 28(3), 27-44.

고현정·조성우, 2012, 「부가가치 극대화를 위한 새만금 신항의 발전방안에 관한 연구」, 해양비즈니스, 23, 157-180.

국무총리실, 2011.12, 「새만금리포트, 기회와 약속의 땅, 새만금」.

국토연구원, 2009.10, 「새만금 지역을 연계한 효율적인 교통체계 구축방안」, 2009.10.08.

국토연구원, 2014.7.22, 「새만금 기본계획 변경(안)」 공청회 자료.

국토해양부, 2009.10, 「녹색성장 추진계획」.

군산대학교, 2009.11.26, 「명품복합도시 새만금 물류산업발전방안 모색」 세미나 자료.

김지영·강금석·오기용·이준신·유무성, 2009, 「국내 해역의 해상풍력 가능자원 평가 및 예비부지 선정」, 『한국신재생에너지학회지』, 5(2), 39-47.

동북아경제중심 추진위원회, 2003.08.27, 「동북아 물류중심 추진 로드맵」.

산업연구원외 4개기관 용역보고서, 2008.08, 『새만금·군산경제자유구역지정을 위한개발 계획』.

산업통장자원부, 2010, 해상풍력 추진 로드맵 발표 행사(11.2).

유재호, 2010, 「해상풍력 추진 로드맵」, 『전기저널』, 408(12), 56-59.

이슈퀘스트 2011, 「해상플랜트 해상풍력 시장 실태와 전망」, 서울: 이슈퀘스트.

충정회계법인 보고자료, 2008.09, 「환황해 국제해양관광지 투자유치」.

한국교통연구원, 2007, 「국가교통DB구축사업(2007년)」.

한국교통연구원, 2008, 「국가교통DB구축사업(2008년)」.

한국교통연구원, 2009.05.06, 「녹색물류 인증제도 도입방안」.

한국종합물류연구원, 2009.01, 「전라북도 물류기본계획 수립연구」.

한국해양수산개발원, 2008.9, 「우리나라 항만물류기업의 경쟁력 제고방안 연구」.

한국해양수산개발원, 2006, 「최근 컨테이너물동량 증가추세 둔화의 대내외
　　적 변동요인 분석」.

해양수산부, 2006.12, 「전국무역항 항만기본계획 수정계획보고서」.

현대경제연구원, 2009.04.07, 「국내물류부문의 에너지 과소비 현황과 정책적
　　시사점」.

Notteboom, T. and Rodrigue, J. P., 2005, "Port Regionalization : Towards a New
　　Phase in Port Development", *Maritime Policy and Management*, Vol.
　　32, No. 3.

OECD Maritime Transport Committee, 2000.10, *Transport and Sustainable Devel-
　　opment*.

# 제5장

# 중국 닝보항 발전 전략, 새만금

강태원

## Ⅰ. 서론

중국은 개혁 · 개방 이후 30여 년간 국내총생산이 연평균 10%를 상회하며 비약적으로 발전하고 있다. 최근에는 미국과 함께 G2시대를 열었으며 세계 경제대국으로 부상하였다. Notteboom와 Rodrigue (2009)는 이러한 현상을 "중국효과"라고 하였다. 중국은 세계 공장이자 세계 시장으로 무역이 활발하게 이루어짐과 동시에 세계 물동량의 25%를 처리하고 있다. 현재 다국적 물류기업과 항만기업이 중국시장에 진입하며, 중국에서 세계물류 기업들이 치열한 경쟁을 벌이고 있다.

종전의 항만과 항만간의 경쟁은 현재 항만군과 항만군의 경쟁으로 전환되고 있으며 지역경제 발전에 큰 영향을 미치고 있다. 항만군은 항만과 연관되는 해운, 항만, 내륙운송, 배후단지 등 항만과 연관된 국제물류 기능을 원활하게 연계하여 물류시스템을 최적화 한다. 이는 기존의 공급사슬관리 개념에 항만 기능을 확대한 개념이다. 중국은 정부의 "해양대국 건설", 절강성 정부의 "절강해양" 건설 등 항만건설을 포함한 해양관련 대규모 프로젝트가 진행되고 있으며, 특히 물동량 처리능력과 첨단화된 항만시설을 지으며 국제허브항만으로 성장하고 있다. 그러나 아직까지 중국항만 및 물류관리의 운영 노하우가 부족하여, 중국정부는 12.5계획을 통해 중국항만의 소프트 경쟁력을 향상시키고자 한다.

이런 배경하에 닝보항무공사(宁波港务集团)는 항만 스마트 물류체계를 구축하기 위해, 해운, 수로, 공로, 철로, 항공 등 통합화된 복합운송 네트워크를 구축한다. 연근해와 장강수역의 항만에 지분을 투자하여 환적물동량을 확보하고, 내륙지역에 드라이 포트를 구축하며, 해운회사, 운송회사, 철도기업, 세관, 검역국 등 항만유관기관과 긴밀한 협조체계를 구축한다. 또한 복합운송서비스의 개선, 정보시스템의 개선 등을 통한 전략으로 글로벌 금융위기에도 급속하게 성장한다.

본 논문은 닝보항의 국제허브항만 전략에 대해 검토하고, 새만금항이 대응할 수 있는 전략을 도출한다.

## II. 닝보항 현황

① 닝보항의 지리적 우세

중국 닝보(宁波)항은 중국연안의 남북을 잇는 항로와 장강수로를 동서로 잇는 T자형 교차점으로 연근해항로와 원양항로의 중심지역에 위치한다. 상해를 중심으로 강소성과 절강성의 양날개로 구성된 장강삼각주 배후부지는 세계의 경제엔진 중의 하나로 해운·항만·금융 등 서비스 산업이 발달한 지역이다. 특히 올해 중국정부에서 상해자유무역시범지구를 설립하면서 앞으로 대규모 외자기업 투자유치가 가능하며, 향후 상해와 인근지역인 강소성, 절강성으로 경제적 파급효과가 확산 될 것이다.

② 닝보항의 물동량 증가

중국항의 물동량은 세계 물동량의 25%를 차지한다. 상해항은 2013년 3362만TEU로 2010년이후 5년 연속 세계 1위를 차지하였다. 더욱 주목해야 할 항만은 닝보항이다. 2001년 121만TEU로 세계 100위권에도 진입하지 못했지만, 2013년 1,677TEU로 세계 5위인 부산항에 이어 세계 6위항만으로 도약했다.

〈표 1〉 2005~2013년 중국 주요항만 컨테이너 물동량 추이

(단위: 만TEU, %)

| 항만 | 2005 | 2006 | 2007 | 2008 | 2009 | 2010 | 2011 | 2012 | 2013 | CAGR |
|---|---|---|---|---|---|---|---|---|---|---|
| 상하이 | 1,809 | 2,172 | 2,615 | 2,801 | 2,500 | 2,907 | 3,174 | 3,253 | 3,362 | 9.7 |
| 선전 | 1,620 | 1,847 | 2,110 | 2,142 | 1,825 | 2,251 | 2,257 | 2,294 | 2,328 | 6.1 |
| 닝보주산 |  | 714 | 943 | 1,093 | 1,050 | 1,315 | 1,472 | 1,618 | 1,735 | 3.5 |
| 닝보 | 521 | 707 | 935 | 1,085 | 1,042 | 1,300 | 1,451 | 1,567 | 1,677 | 7.3 |
| 중국 | 7,564 | 9,361 | 11,474 | 12,870 | 12,220 | 14,571 | 16,367 | 17,747 | 19,000 | 3.3 |
| 부산 | 1,184 | 1,204 | 1,326 | 1,345 | 1,198 | 1,419 | 1,619 | 1,705 | 1,769 | 4.9 |

*자료출처: KMI, 중국물류포커스: 「닝보항 발전 속도 주시하여야」(2014.6.3).

③ 닝보항의 부두시설:

닝보항은 초대형 선박의 접안이 가능한 천혜의 심수항으로 생산성 터미널은 328개이며, 만 톤급 터미널이 99개, 오만 톤급 이상의 초대항 심수부두가 63개로 중국에서 가장 많은 심수항을 보유하고 있다. 주요 항로의 수심이 22.5미터이상이고, 30만 톤급 대형선박이 자유자재의 입출항이 가능하며, 40만 톤급 이상의 특대형 선박이 만조시기에 입출항이 가능하여 세계에서 보기드문 심수항만을 보유하고 있다.

중국의 광대한 지리적 특성상 중국 서부 내륙과 연해지역까지 연근해-원양운송, 해운-철도 복합운송 서비스로 연결하는 환적 중심지이며, 외부적으로 동아시아와 환태평양을 연결하는 원양운송의 환적허브이다. 현재, 닝보항은 100개 국가, 600개 넘는 항로를 개설하였으며, 세계에서 20위권 컨테이너 선사가 닝보항에 사업을 운영하고 있다.

### 〈표 2〉 닝보항 부두시설 현황

| 항만 | 운영회사 | 취급품종 | 선석규모<br>(만톤) | 항만길이<br>(미터) | 선석수<br>(개) | 흘수깊이<br>(미터) |
|---|---|---|---|---|---|---|
| 북륜항<br>(北仑) | 북륜(北仑)<br>제2부두 | 벌크잡화, 비료,<br>광석,다용도 | 0.7-10 | 1702 | 6 | 12.5/<br>13.5 |
| | 북륜(北仑)<br>제2컨테이너 | 컨테이너 | 7.0-<br>15 | 1238 | 4 | 15.0 |
| | 북륜(北仑)<br>국제컨테이너 | 컨테이너 | 10.0 | 900 | 4 | 13.5 |
| | 북륜(北仑)<br>금속부두 | 금속광석 | 2.5<br>- 20 | 1788 | 6 | 12.5-<br>20.5 |
| 천산항<br>(穿山) | 닝보항지<br>(宁波港吉) | 컨테이너 | 15 | 1700 | 5 | 17.5 |
| | 닝보원동<br>(宁波远东) | 컨테이너 | 15-<br>20 | 1710 | 5 | 17.5 |
| | 중택석탄<br>(中宅煤炭) | 석탄,광석 | 5-20 | 872 | 2 | 15.6-<br>19.6 |
| 대사항<br>(大榭) | 대사국제초상<br>(大榭国际招商) | 컨테이너 | 10-15 | 1500 | 4 | 17.5 |
| | 대사실화원유<br>(大榭实华原油) | 원유 | 6.8<br>-45 | 1244.5 | 3 | 25.72 |
| | 대사유품부두<br>(大榭油品码头) | 원유 | 8 | 337 | 1 | 17.5 |
| | 대사중유부두<br>(大榭中油码头) | 원유 | 30 | 490 | 1 | 25 |
| | 새사객운<br>(大榭客运) | 여객 | 0.1 | 200 | 5 | 3.8 |
| 진해항<br>(镇海) | 진해항부<br>(镇海港埠) | 석탄, 잡화,<br>컨테이너,<br>액화상품,<br>정제유 | 0.3<br>-5.0 | 3965 | 23 | 7.0-<br>14.0 |
| | 진해차객도<br>(镇海车客渡) | 여객 | 0.3 | 100 | 2 | 4.5 |
| 닝보항<br>(宁波) | 진해항부<br>닝보관리부<br>(镇海港埠) | 잡화 | 0.3<br>-0.5 | 498 | 5 | 5.5 |
| 매산항<br>(梅山) | 매산컨테이너부두<br>(1#~5#) | 컨테이너 | 10<br>-15 | 1421 | 5 | 15.77 |

*자료출처: 닝보항 컨테이너터미널 홈페이지(http://www.nbport.com.cn).

④ 닝보-주산항의 효율적인 운영

2006년 1월 1일 절강성의 두 개의 심수항인 닝보항과 주산항을 "닝보-주산항" (이하 본 논문에서는 닝보항으로 지칭)으로 통합하였다. 지리적으로 근접한 두 항만의 운영, 계획, 건설, 브랜드 등을 통합적으로 운영하여 자원의 중복 개발과 낭비를 줄여 항만 효율성을 높였다. 닝보-주산을 통합하는 상징적인 의미로 닝보와 주산 중간에 위치한 금당에 대포구 컨테이너 터미널(舟山金塘大浦口码头)을 건설하였다. 16억 원(런민비)을 투자하여 1기공사를 끝내고, 2014년까지 42.5억 원(런민비)을 투자하여 2기공사를 마무리할 예정이다. 대포구 터미널의 가장 큰 장점은 수심이 18미터로 30만 톤급 초대형선박이 전천후로 취항할 수 있는 대규모 항만으로 닝보항 컨테이너 운영의 효율성을 제고하고, 컨테이너 물동량의 증가, 선박의 대형화 추세에 맞춰 차세대 항만으로 육성한다. 이렇게 닝보항은 정부의 강력한 지원에 힘입어 더욱 빠르게 확장하고 있다.

닝보항만공사에 따르면 머스크시랜드(Maersk Sealand)는 닝보항의 컨테이너 하역 효율성을 2006년 세계 3위, 2007년 세계 2위, 2008년 세계 1위로 발표했다. 2011년엔 中海集运(China Shippin)이 4.06시간에 908TEU의 컨테이너 화물을 처리함으로, 시간당 223.27TEU를 기록하며 세계기록을 수립하는 등 하역 생산성이 우수한 항만이다.

## III. 닝보시정부의 "6 프로젝트 추진전략 (六个加快战略)"

닝보시는 대외개방정도, 무역의존도, 항만의존도가 비교적 높은 전형적인 무역항으로 항만을 통해 지속가능한 경제를 발전시킨다는 점에서 한국의 부산과 비슷한 성격을 지닌다. 닝보시는 12.5 경제개발 기간에 6개 정책을 신속히 추진한다. 5개 정책이란 '국제적인 강한 항만의 건설',

'현대 도시 구축', '산업 체질개선', '고품격 도시건설', '생태도시 건설', '국민생활수준 향상' 등으로 닝보시가 성숙하게 발전할 수 있도록 추진하는 6개 항목이다.[1]

또한, 닝보시는 닝보항을 국제적인 강한 항만으로 발전시키기 위해 98개의 세부항목을 추진하고, 2011년 177억(인민비)을 집행하며 닝보항의 체질개선을 가속화하고 있다. 현재 건설 중인 천산(穿山)의 석탄항 건설, 대사(大榭)의 45만톤급 원유항 건설, 매산(梅山)의 컨테이너터미널 건설, 진해(镇海)의 터미널 건설을 더욱 빠르게 추진한다. 게다가, 양질의 물류서비스를 제공하기 위해 해운, 항만하역, 내륙운송의 원스톱 통합서비스를 구축했다.  "아시아-태평양지역의 벌크상품의 교역중심", "국제적인 컨테이너 허브 항만의 건설"과 "절강성 허브항만의 구축"이란 목표를 수립하였다.  이로서 기존의 운수, 보관, 하역의 단순항만 기능을 고부가가치 항만으로 전환하며 '글로벌 강한항만'으로 성장한다.

贺向阳, 周昌林(2012)의 연구에서 닝보항은  고부가가치 설비보유, 원활한 내륙운송 네트워크, 선진 항만물류 시스템, 해운금융서비스 제공, 효율적인 항만관리, 항만자원배치의 최적화로 지속적인 발전을 도모하고 있다고 하였다. 게다가 닝보항무공사는 대형선박이 정박 할 수 있는 조건을 구비하였고, 원유, 철광석, 액체화공, 철강, 양식, 석탄 등 벌크상품의 수요에 따른 저장소와 벌크교역센터를 설립하였다. 또한, 이와 연계하여 중국연해지역에 원유저장소와 배송센터, 철광석물류센터기능 등의 배후 부지를 확대하고 있다. 무역결재, 저장운송, 보세통관, 유통가공, 물류배송 등 기능을 통합하여 아시아-태평양 지역의 벌크상품 물류의 주요한 허브기능을 할 것으로 전망하였다.

---

1) 본 논문은 닝보항의 국제적인 강한 항만으로의 건설에 대해서만 언급하기로 한다.

## Ⅳ. 절강성 "삼위일체(三位一体)" 항운물류 서비스 체계의 발전

중국 국가발전개혁위원회는 2011년 '절강성 해양 경제발전 시범지역 계획'을 통해 절강성 해양경제를 국가급 프로젝트로 발전시킬 것을 천명하였다. 본 프로젝트의 일환으로 철광석, 석탄, 석유 등 국가 전략자원 비축기지를 건립하고, 보세구역 운영을 확대하며, 자원의 저장, 가공, 교역을 통한 부가가치를 높이고 있다. 닝보항에 '국제해운 종합시범구역'을 설립하여 닝보에 등록된 해운, 창고, 운수 등 물류기업에 관련된 영업세를 면제하고, 국제해운종합시범구역 내 국외은행의 계좌설립을 허가하여 금융서비스를 개방하는 등 해운산업에 투자하는 자본에 대한 전폭적인 지원을 하고 있다.

〈그림 1〉"삼위일체" 항운물류서비스 체계

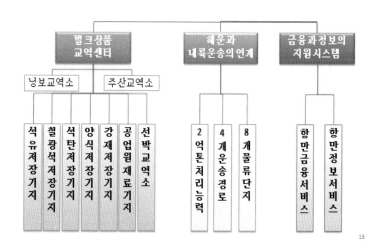

*자료출처: 중국 국가발전개혁위원회, 2011, 절강해양경제발전시범계획.

郭剑彪(2011)는 '절강해양경제의 발전시범지역에 관한 계획'과 '닝보시 해양경제발전에 관한 계획'에서 절강성이 해운항만 자원과 지역우세를 이용하여 벌크상품의 교역센터, 항운서비스업의 연계, 금융과 정보의 연계시스템을 융합하여 발전하는 "삼위일체" 전략을 소개하였다.

첫째, 닝보 벌크상품 교역센터의 건설이다. 액체화공, 석탄, 철광석, 강재, 목재, 플라스틱, 양식 등의 벌크화물을 집약적으로 발전시켜 벌크 상품 교역센터를 건설하고 있다. 특히 액체화공, 철광석, 석탄 등 17개 벌크제품의 교역시장을 향후 세계적으로 영향력 있는 벌크교역센터로 조성할 계획이며, 전자교역 플랫폼도 구축중이다.

둘째, 항운서비스업의 발전이다. 닝보항의 '일관삼검(一关三检)'과 '대통관 (大通关)' 제도로 통합항만운영 시스템을 구축하여 효율성을 향상시키고 있다. 일관삼검제도란 화물의 수출입과정에서 통관 신청시, 상품검사, 동식물검사, 위생검사를 한꺼번에 진행하여 빠르고 효율적으로 통관하는 제도이다. "대통관(大通关)" 제도란 통관과 연관된 지역별/부서별 정보협조체계를 구축하여 신속하게 통관을 진행하는 제도이다. 항주, 닝보, 상해, 남경 등 4개 지역을 관할하는 세관과 국가검역국의 유기적인 협조는 수출입신고와 심사를 효율적으로 할 수 있게 한다. 또한 닝보보세구역, 매산보세구역, 주산종합보세구역 등 닝보-주산지역에 보세구역을 건립하여 통관 효율을 향상하고 있다.

셋째, 금융서비스와 정보기술 지원시스템이다. 해운금융, 해운보험, 자금결재 등 해운금융서비스의 해외서비스도 확대하고 있다. 닝보 선박 교역시장 건립을 추진하고 있으며 선박교역, 선박임대 및 선박금융을 추진하고 있다. 닝보시는 해운금융 센터를 조성하고 있으며, 해운물류의 신용대출 정책을 만들고 있다. 항만물류 기업의 융자 확대, 항만 보험서비스 제공, 해상금융서비스 범위를 확대하여 스마트항만으로 전환하고 있다. 이렇게 항만관련한 물류서비스 플랫폼 구축과 제4자 물류서비스의 결합을 통한 통합적인 항만물류 정보서비스 체계를 구축하고 있다. 이렇게 닝보항 중심으로 벌크상품을 저장하고, 가공하며, 교역센터를 설립하여 항만과 접목하는 벌크상품의 국제물류 집산지를 조성하여 중국에 벌크전략 물자를 안정적으로 제공하는데 의미가 있다. 이를 위하여 닝보항 물류시스템의 업그레이드를 추진하고, 현대화된 국제물류단지의 구축을 통하여 닝보시의 경제발전을 촉진하고, 경제체제의 체질개선을 추진하여 개방형 경제발전 모델을 도입하는 등 전반적인 경제수준을 향상하고 있다.

## V. 배후부지 확보전략

중국정부는 2009년부터 상해를 국제 항운센터와 국제금융센터 정책을 추진하였다. 최근 닝보항 개발 정책을 추진하며 지리적으로 근접한 닝보항과 상해항은 국가적인 차원에서 경쟁과 협력을 통한 코피티션(Co-opetition)전략을 추진하고 있다. 태풍, 지진, 노조 등 항만의 잠재적 리스크에 대비한 협력체계를 구축하는 반면, 두 항만간 배후부지를 확보하기 위해 치열한 경쟁을 하고 있다. 닝보항과 상해항의 배후부지는 절강성, 강소성을 포함한 장강 중상류 내륙지역으로 대부분 중복된다. 물동량 창출은 항만의 생존에 필요한 가장 중요한 문제로 각 항만공사는 장강지역에 위치한 중소항만에 지분투자를 통하여 영향력을 확대하고, 원양으로 수출되는 환적물동량을 유치하고 있다.

최근 닝보항은 "닝보를 중심으로, 절강성에 의존하고, 장강삼각주 지역에 서비스를 제공하며, 중국 중서부지역의 화물까지 담당하는 국내외 물류 서비스 제공"의 물동량 확대전략을 수립했다. 중국 정부의 "서부대개발 전략의 실행"이 본격적으로 추진되면서 중국연해의 우수한 인력과 자원이 내륙으로 이전함에 따라 내륙에서 물동량을 창출할 수 있는 기회를 선점하기 위한 것이다. 닝보항은 2012년부터 서부 내륙 물동량을 창출하기 위해 전문적인 시장개척 부서를 운영하고, 중국 중서부 지역으로부터 안정적으로 화물을 공급받는 메커니즘을 구축하고 있다. 게다가 해양-철도를 연결하는 복합운송서비스를 확대하며 화주에게 더욱 저렴한 물류비용과 빠른 통관서비스를 제공하는 등 내륙시장의 물동량을 선점하기 위한 다양하고 차별화된 비즈니스를 하고 있다. 고객맞춤 물류서비스, 차별화된 마케팅전략, 부가가치 서비스 제공, 산업별 물류전문가 양성을 통해 닝보항의 배후 부지는 점차 내륙으로 확대하고 있다.

## VI. 복합운송서비스 확대

닝보항은 항공, 철도, 육로, 수로 등 복합운송 방식을 확대하고 있다. 닝보항 물동량이 급격히 증가하며 고속도로 정체, 혼잡, 소음, 환경 문제가 심각히 발생한다. 게다가, 중국의 면적이 넓고 고속도로의 통행료가 비싸 철도운송이 중국 화주들에게 각광을 받는다. 닝보항 베이룬 제2부두 철도인입시설은 컨테이너, 철광석, 석탄, 액체화공 등 화물을 처리하는 시설을 구비한다. 특히 내륙 물동량이 많은 거점지역에 블록트레인(Block Train)2) 서비스를 제공하고 있다. 〈표 3〉과 같이 닝보항에서 절강성, 강서성 및 호남성의 공업도시까지 철도운송 서비스를 제공한다.

---

2) 블록트레인(Block Train)은 자가화차와 자가터미널을 가지고 항구의 터미널에서 내륙 목적지의 터미널 혹은 하수인의 문전까지 남의 선로를 빌려서 서비스를 제공하는 철도 물류시스템으로, 중국에서는 '발착지점, 운송노선, 횟수, 시간, 가격' 등 5가지 항목이 고정된 철도서비스로 인식되고 있다.
   닝보~상라오 구간의 블록트레인을 이용한 운송시간은 전통적인 철동운송보다 13시간 단축하고, 전통적인 육상운송보다 2시간 이상 단축한다. 비용측면에서도 종전의 6,600원에서 4,900원으로 단축되어 기업측면에서 2년간 2000만 위안 이상의 물류비용을 절감한다.(http://www.srxww.com/article/405229.html)

닝보항은 2011년 상라오에 드라이포트를 건설하여 철도서비스를 시작한 후 2014년까지 강서성에서 닝보항으로 운반하는 컨테이너 해운철도복합컨테이너 비율이 60% 증가했다. 닝보항은 2012년 9월 호북성의 쌍양시에 드라이포트를 건설하고 블록트레인 이용하여 내륙운송 거점을 확보했다. 쌍양시는 중국 중부지역의 주요 공업도시로, 쌍양시를 중심으로 사천(四川), 중경(重庆), 산서(陕西), 호북(湖北), 호남(河南)등으로 서비스 영업을 확대할 수 있는 허브를 확보하였다. 이런 방식으로 닝보항은 중국 내륙의 중장거리 컨테이너 노선에 각 지역의 노드를 조성하고, 블록트레인과 직통열차를 운행하는 모델로 집하기능과 영업능력을 강화하며 물동량을 증대시키고 있다. 2013년 1분기 닝보항의 해운-철도 복합운송 컨테이너 화물은 23,248TEU를 달성하며 동기대비 74% 증가, 중국에서 두 번째로 큰 해운-철도 복합운송 인입선이 있는 항만이다.

〈표 3〉 닝보항과 내륙의 해운-철도 복합운송서비스 현황

| 운행구간 | 지역 | 운송형태 | 운행현황 | 철도운행시간 |
|---|---|---|---|---|
| 닝보-타이저우(台州) | 절강성 | 블록트레인 | 매일운행 | 약3.5시간 |
| 닝보-상라오(上饶) | 강서성 | 블록트레인 | 화,목 일 | 약17시간 |
| 닝보-잉탄(鹰潭) | 강서성 | 직통열차 | 매일운행 | 약25시간 |
| 닝보-난창(南昌) | 강서성 | 직통열차 | 매일운행 | 약52시간 |
| 닝보-신위(新余) | 강서성 | 직통열차 | 매일운행 | 약55시간 |
| 닝보-징더진(景德镇) | 강서성 | 직통열차 | 매일운행 | 약60시간 |
| 닝보-핑샹(萍乡) | 강서성 | 직통열차 | 매일운행 | 약65시간 |
| 닝보-리링(醴陵) | 호남성 | 직통열차 | 매일운행 | 약65시간 |
| 닝보-빠징(八景) | 호남성 | 직통열차 | 매일운행 | 약75시간 |
| 닝보-쌍양(襄阳) | 호북성 | 직통열차 | 매일운행 | 약96시간 |

*자료출처: 陶学宗, 张戎 (2012)의 자료를 수정 및 보완.

닝보항의 해운-연안 복합운송 서비스도 증가한다. 닝보항은 태주항(台州), 가흥항(嘉兴), 온주항(温州), 주산항(舟山) 등 절강성의 중소항만에 투자하여 주주가 되고, 난징항, 태창항 등 강소성의 항만과 업무협의

를 체결하는 등 현재까지 14개 항만 컨테이너 터미널에 투자 및 협력하는 방식으로 전략적 제휴를 통한 지배력을 높였다. 이로서 절강성 중소항만과 장강지역항만이 닝보항을 이용하는 매개역할을 하게 된다. 이렇게 닝보항은 물동량 창출을 위해 해운-연안, 해운-철도 등 복합운송 서비스 확장으로 아태지역 컨테이너 허브항으로 거듭나고 있다

## VII. 닝보항무공사의 "드라이포트 (无水港)" 조성

드라이포트(Dry port)는 한국개념으로 '내륙항만' 개념이다. 항만 본연인 항만, 세관, 검역국 등 정부기구를 내륙으로 이전하고, 항만 이용자인 해운회사, 선박대리점, 관세사무소도 내륙으로 이전하여 화물오더 접수, 컨테이너 업무처리, 복합운송증권 발급 등을 제공하여 각종 항만 관련 업무를 내륙에서 편리하게 사용하는 기능이다. 항만운영 관점에서 사전 물동량을 처리하여 항만의 적체 및 항만의 업무를 획기적으로 줄일 수 있다.

닝보항이 내륙에 드라이 포트를 설립한 가장 중요한 목적은 내륙화물의 안정적인 확보를 위한 집하기능이다. 즉 상라오(上饶), 잉탄(鹰潭), 취저우(衢州), 진화(金华), 이우(义乌), 시아오산(萧山), 츠시(慈溪), 사오싱(绍兴) 등 10개 지역에 드라이포트를 건설하였다. 닝보항은 내륙에 항만 기능을 구축하여 통관을 비롯한 원스톱 서비스를 제공한 후 블록트레인을 통해 닝보항에 반입하는 메커니즘을 구축하며 항만의 내륙배후 부지를 넓힌다. 이는 과거 "수출입 기업과 닝보항"의 관계를 "수출입 기업과 드라이포트" 관계로 전환하며, 드라이포트와 수출입화주기업의 협력을 통해 더욱 견고한 항만공급사슬관리(port supply chain management) 체계를 형성한다.

화주관점에서도 기업이 기존의 항만에 가서 업무를 볼 필요 없이 공

장근처의 드라이포트에서 업무를 끝낼 수 있어 시간과 비용을 절약한다. 중국국가차원에서 드라이포트와 항만 간 철도운송은 사회적 물류비용을 줄일 수 있어 중국물류계의 "황금터미널"로 부른다.

## VIII. 녹색항만 건설

닝보항은 빠르게 증가하는 물동량과 함께, 에너지 절감과 친환경 항만을 구축하고 있다. 2007년부터 닝보항에서 사용하는 오일식 겐트리크레인을 전기식 겐트리 크레인을 교체하는 프로젝트를 진행하기 시작하여 2012년 12월까지 완성하였다. 총191개의 컨트리 크레인을 전기식으로 개조했다. 2008년 이후 경제적 효익을 환산하면 3.8만 톤 분량의 연비를 감소하는 효과와 8.9만 톤의 이산화탄소 배출감소효과, 그리고 2.4억 위안을 절약하였다.

또한, 중국석유화학기업(中石油)과 협조하여 컨테이너항만의 트랜스퍼 크레인을 "오일식에서 가스식"으로 교체하였다. 이는 에너지 절감 및 온실가스를 약 20% 감축하고, 이산화탄소 배출을 약 30%줄여 연 25톤의 이산화탄소를 감축하였다. 또한 액화천연가스를 사용하는 트랜스퍼크레인 193대를 도입하였고 3곳의 액화 천연가스 충전소를 운영을 시작하였다.

벌크부두 작업 도중 오염물질이 발생하여 대기 환경을 오염시키는 문제가 존재하여 벌크부두 작업의 ISO 14000 환경관리 체계를의 수립 및 실행하는 녹색터미널을 건설하였다. 녹색터미널은 환경측량 예방능력을 강화하기 위해 검측 설비도 구매하였다.

마지막으로 선박이 항만에 정박할 때 전기충천설비도 구축하였다. 항만의 선박용 전기충전시스템에 투자하여, 2011년까지 1,500항차에 대한 전기 충전을 하는 등 항만에서 발생하는 오염물질의 배출을 최소화하기 위한 노력을 꾸준히 진행하여 친환경항만의 건설에 앞장서고 있다.

## IX. 결론

항만 경쟁은 기존의 단일항만 경쟁에서 내륙운송과 해운을 포함한 항만군 경쟁으로 전환되며, 앞으로 이런 현상은 더욱 심화되고 있다. 최근 항만의 경쟁력 확보는 지방정부의 적극적인 지원이 필수적인 요소가 되었다. 선박대형화 추세에 따라 항만건설의 대형화, 항로수심확보를 위한 준설작업 등 각 지방 정부의 강력한 지원이 전제된다. 닝보항은 부산항을 조속히 추격하자는 내부목표로 공격적으로 물동량 확대전략을 전개하고 있다.

2014년 기준 부산항과 닝보항의 물동량은 겨우 34만 TEU 격차로, 닝보항이 조만간 부산항을 추격할 것으로 보인다. 특히 닝보항은 중국내륙에 드라이 포트를 조성하여 내륙의 배후부지를 확대하는 전략, 일관삼검제도, 대통관제도 등 편리한 통관제도의 구축하고, 편리한 복합운송 서비스를 확장 및 개선하여 내륙에 위치한 물동량을 닝보항으로 유입하는 정책을 펴고 있다. 이런 중국의 허브항만 정책에 한국항만이 대응하기 위한 두 가지 제안책을 제시하고자 한다.

항만수심은 항만경쟁력 증대의 필수조건이다. 최근 선박대형화에 따른 대형항만 건설을 확대하기위해 중국정부는 대대적으로 항만투자를 확대하고 있다. 일반적으로 허브항만의 전제조건은 8천 톤 이상의 초대형 선박이 자유롭게 진입해서 작업할 수 있는 대형 항만이어야 한다. 닝보항은 2010년 8월 세계에서 가장 깊은 컨테이너항만 수심(18m)을 보유한 진탕 따푸코(金塘大浦口) 터미널을 개장했다. 규모뿐만 아니라 세관의 직통관 서비스 등 통관능력을 향상시키며 2013년 57만 TEU를 기록하였고, 현재 2기 공사를 진행하고 있다. 닝보항이 동북아 허브항만전략을 위해 항만시설을 조성하는데 적극적인 투자를 진행하고 있다.

수심차원에서 대응할 수 있는 한국항만의 대안은 부산항과 현재 건설 중인 새만금신항이다. 부산항은 한국의 대표적인 심수항만으로, 올해

정부의 국정과제에 부산신항의 수심을 17m로 유지하기 위한 준설작업이 예산으로 잡혀있다. 또한 현재 건설되고 있는 새만금신항은 부산항보다 수심이 깊어 대형선박이 자유자재로 접안할 수 있는 항만이다. 서해안시대 인천항, 평택항, 대산항, 목포항 등 서해안에 위치한 경쟁항만보다 더욱 깊은 수심을 보유하고 있어 향후 대중국 교류의 관문이 될 것이다. 현재 몇몇 행정가는 새만금항은 새만금 배후부지 조성의 속도에 맞춰 건설돼야 한다고 주장한다. 새만금과 비슷하게 바다를 매립하여 만든 심수 컨테이너 항만인 대포구 터미널도 배후부지에서 유입되는 물동량이 없이 100% 환적화물을 취급한다. 새만금도 대포구 터미널을 벤치마킹하여 초반에 환적화물 중심의 심수항으로 조성한 후 점진적으로 새만금과 배후부지로 화물 서비스를 확대해야 한다. 특히 대포구터미널과 새만금 신항은 동북아의 떠오르는 심수 거점항만으로 양 터미널 간 전략적 제휴도 가능하다.

최근, 한중FTA 협정이 체결되고, 한국과 중국의 중앙정부 차원에서 한중경협단지 조성을 추진하며, 중국식품시장을 겨냥한 국가식품클러스터 산업단지가 분양되고 있다. 중국관련 대형 사업은 한국과 중국경제가 더욱 긴밀하게 작동된다. 전북은 다가오는 중국효과를 전략적으로 이용하여 지역경제를 활성화해야 한다. 중국과 새만금, 새만금신항을 활용하여 전라북도는 한국의 신성장 동력을 창출하는 창조시대의 요람으로 거듭나고 있다.

새만금신항은 중국과 근접한 지역적 우위를 지닌 심수항만으로 향후 동북아 허브항만, 대중국 교역의 주요 거점항만으로 조속히 육성해야 한다.

◆참고문헌◆

한국해양수산개발원, 2014, 「닝보항 발전 속도 주시하여야」, 『중국물류리포트』, 12(07).

닝보항 컨테이너터미널. http://www.nbport.com.cn

중국 국가발전개혁위원회, 2011, 『절강해양경제발전시범구계획』.

陶学宗·张戎, 2012, 「宁波港集装箱海铁联运发展经验及启示」, 『区域交通』, 6.

贺向阳·周昌林, 2012, 「宁波港与国际强港的实证比较」, 集装箱化, 23(5).

郭间彪, 2011, 「港航物流发展研究」, 人民交通出版社, 北京.

Notteboom, T., & Rodrigue, P. R., 2009, "The future of containerization: perspectives from maritime and inland freight distribution". *GeoJournal*, 74(1): 7~22.

제3부

산 업

# 제6장

# 새만금 신산업 육성과 새로운 투자유치 방안 모색

김재구

## I. 서론

최근 전경련 조사에 따르면 국내 기업들은 최근 우리나라의 경제상황을 '한국 제조업 및 수출의 구조적 위기'라고 인식하는 것으로 나타났다(전경련, 2014). 내 기업들이 현재의 경기 침체를 경기 순환에 따른 일시적 하락이 아니라고 보고 있으며, 이는 중국 기업의 빠른 추격과 기술력을 앞세운 일본 기업 사이에서 한국 기업이 이른바 '샌드위치'가 되고 있다는 위기의식 때문이다.

지금까지 우리나라는 전자, 자동차, 조선, 철강 등 다양한 산업분야에서 세계적인 대기업이 등장하면서 글로벌 경쟁력을 갖추어 왔으며, 이러한 대기업을 중심으로 국가성장을 주도해 왔다. 그 과정에서 생산되는 재화의 품질뿐만 아니라 기술 등에 있어도 일정 부분은 선진국 수준에 근접해 있다고 인식되고 있다. 그러나 첨단핵심기술에 있어서는 여전히 선진국과의 격차가 존재하고 있으며, 기존에 경쟁력을 갖추고 있는 산업부문에서는 중국 등 신흥국의 빠른 추격에 직면해 있다.

특히 원천기술 분야에서의 취약성은 우리나라 산업에 있어 잠재적인 약점이 될 것이라는 우려가 높아지고 있는 실정이다. 이러한 상황 속에서 박근혜정부는 우리나라 경제의 질적인 성장을 위해 과거의 추격 모방형 경제에서 선도 창의형 경제로 성장방식을 전환하는 이른바 창조경제의 중요성을 강조하고 있다. 다시 말해 규모의 경제, 정부 주도의 경제정책, 수직적 의사결정에 익숙해 있던 기존 우리 경제에 개인의 창의성이 강조되는 창조경제는 어떤 의미에서는 질적 변화를 의미하는 것이다.

특히 저성장, 저출산 시대 진입 등 경제전망에 대한 불확실성이 증가됨에 따라 창조경제와 같이 우리나라는 새로운 성장동력이 필요한 시점이다. 우리나라의 기존 주력산업은 이미 세계적 수준에 올라 더 이상 빠른 성장이 힘든 상황이다. 따라서 우리나라의 지속적인 발전을 위해서는 주력산업의 글로벌 리더십을 지속적으로 확보하고 새로운 성장동력 발굴이 요구된다. 그러나 새로운 성장동력을 발굴하고 육성하는 것은 쉬운 일이 아니다. 특히 전세계적으로 외국인직접투자자를 유치하기 위한 경쟁이 지속되고 있는 것은 세계화 시대에 국가 간의 협력을 배제하고서는 경제성장을 지속하기 어려운 흐름 속에 있다. 이러한 흐름이 FTA로 대변되는 국가 간 자유무역과 경제자유구역으로 대표할 수 있는 경제특구의 무한 경쟁으로 나타나고 있는 것이 현실이다.

이와 같은 글로벌 상황 속에서 우리나라가 지속적인 경제성장과 함께 세계경제를 선도해 나가기 위해 필요한 것을 적극적으로 발굴함과 동시에 국가 차원에서의 적극적 지원과 육성 정책이 필요하다. 이 시점에서 최대 국책사업으로 불리는 새만금사업을 다른 관점에서 살펴볼 필요가 있다. 새만금은 1991년부터 시작되어 지금까지 24년 가까이 진행되고 있는 대규모 매립사업이며, 개발사업이다. 특히 초기 식량확보 차원에서 농업용지로 추진되었던 사업이 시대흐름에 맞추어 다기능 융복합도시 개발로 전환되면서 새만금의 활용도를 극대화하기 위한 모색이 지금까지도 꾸준히 지속되고 있다. 대규모 간척사업으로 매립을 통해 개발되는 새만금은 창조경제 구현을 위한 공간적 물리적 한계 극복이

용이하고 상상력과 창의력을 극대화하기 위해 준비된 공간이라 할 수 있다. 특히, 새만금은 자동차, 조선 등 기존 우리나라 주력산업과 함께 신재생에너지, 환경, 해양, 관광, R&D 기반의 신산업 창출의 보고라고 할 수 있다. 따라서 401㎢라는 대규모 부지가 조성되는 새만금은 한국의 미래먹거리 확보와 같이 새로운 대비를 하기에는 최적지라 할 수 있다.

따라서 최근의 여건변화를 바탕으로 지속적인 경제성장을 위해 국가 미래전략산업의 요람으로써 새만금의 활용 방안을 다각적으로 살펴보고, 새만금개발 및 투자유치 활성화와 함께 새만금의 장점을 극대화하고 기존 경제특구와의 차별화 방안을 살펴볼 필요가 있다.


## II. 새만금사업 추진관련 주요 여건 변화

### 1. FTA 등 교역확대를 위한 지속적인 경제발전 추진

앞서 언급한 바와 같이 새만금사업이 진행된 지 24년이 지나는 동안, 새만금의 역할과 할용에 대해서도 수많은 논의가 진행되어 왔다. 처음 농업용지 중심으로 개발하여 했던 새만금은 현재 농업용지와 다기능 복합용지가 3:7의 비율로 개발될 예정이다. 이와 같은 개발 방향의 전환 속에는 동북아 경제중심지로써 그리고 글로벌 자유무역 거점으로의 역할에 대한 기대도 같이 포함되어 있다.

현재 우리나라는 FTA 등을 통해 경제영토를 확장하는 등 교역확대를 통한 지속적인 경제발전 정책을 추진하고 있다. 지금까지 우리나라는 51개국과 FTA를 체결(48개국 발효)해 왔으며, 2014년 11월 중국과의 FTA 협상을 타결함에 따라 글로벌 경제영토는 더욱 넓어질 것으로 기대하고 있다. 특히 우리나라와 중국은 환황해권을 중심으로 지리적, 문화적 인접성이 우수하기 때문에, 교역 및 인적교류 증대될 것으로 기대하고 있다.

〈그림 1〉 FTA 체결에 따른 동아시아 분업구조의 변화

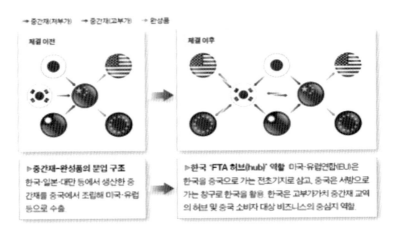

*자료 : KIEP 홈페이지.

## 2. 중국과의 진일보한 경제협력 추진

중국 정부는 해외투자나 해외경제협력단지 조성 등에 관한 지침을 마련하고, 기업의 해외투자를 자국 경제에 도움이 될 수 있는 방향으로 유도하는 정책을 추진 중에 있다. 특히 최근에는 중국은 양적 성장에서 질적 성장으로 전환을 시도하고 있으며, 이에 따라 구조조정 정책과 해외투자정책 역시 이를 위한 방향으로 추진하고 있다.

중국 기업들은 중국 내 경제정책 변화에 따라 해외투자를 확대하고 있으며, 이를 적극적으로 활용하기 위해서는 우리나라에 대한 투자 여건을 개선할 필요가 있다. 지금까지 중국의 대한국 투자는 우리나라의 대중국 투자와 비교해 미미한 수준에 머무르고 있다. 글로벌 경제위기

이후 최근 글로벌 산업트랜드는 기업 간 경쟁을 넘어 협력을 통해 지속 가능하고 건전한 산업생태계 조성이 주요 화두가 되고 있다.

이러한 이유로 한중 양국 간에는 중국의 외환보유고 해소와 기술향상 및 저가이미지 탈피 등 당면 과제 해결과 함께 우리나라의 지속적인 경제성자과 글로벌 경쟁력 향상 그리고 중국시장 진출 등 양국 간의 경제협력을 강화하기 위한 논의가 지속되고 있다. 특히 한중정상회담에서는 꾸준히 한중간 진일보한 경제협력에 높은 관심을 가지고 있으며, 새만금 한중경협단지 조성에 대한 협력 방안을 지속적으로 논의하기로 합의한 바 있다.

## 3. 새만금개발청 출범과 새만금 기본계획 변경

2013년 이전까지 새만금개발은 6개 부처로 나뉘어져 진행되다 보니 속도를 내어 추진되기 어려운 문제를 가지고 있었다. 이와 같은 문제를 해소하고자 기존 「새만금사업 촉진을 위한 특별법」은 2012년 11월 「새만금사업 추진 및 지원에 관한 특별법」으로 변경되었다. 변경된 새만금 특별법의 핵심 내용은 국토교통부 산하에 새만금개발청을 신설하여 새만금 개발을 전담토록 하는 것이었다. 이에 따라 2013년 9월 새만금개발청이 출범하였으며, 최소한 새만금개발 부분에 대해서는 단일구조 형태로 전환되었다.

새만금은 과거 농업용지 위주의 토지이용계획은 새만금이 미래성장동력의 역할을 하기에는 어려움이 있다는 의견에 따라 2008년 10월 전체 새만금 지역을 농업용지 30%, 비농업용지 70%로 개발하기로 하면서, 다기능 융복합기지 조성으로 개발 기본방향이 변경되었다. 이에 따라 새만금사업이 시작된 지 20년이 지난 2011년 3월 새만금 종합개발계획(MP)가 수립되었다. 그러나 장기화된 경기침체와 국내외 도시들의 생존을 건 투자유치경쟁의 위기감 속에서 새만금사업의 변화에 대한 요구가 증대되어 왔다. 또한 저성장시대의 도래와 인구감소 등의 영향으로 투자수요가 크게 감소하여 기존의 투자유치방식과는 다른 적극적 대안의 필요성이 높아지게 되었다. 특히 기존계획은 새만금사업만의 차별화된 투자환경이 제시되지 못한다는 한계를 가지고 있었다.

이에 새만금개발청은 이러한 여건변화 및 기존 개발계획의 한계를 극복하여 새만금개발 활성화와 투자유치를 도모하고자 2014년 9월 새만금 기본계획을 변경하였다. 변경된 새만금 기본계획의 주요 내용은 새만금만의 차별화된 투자환경 조성, 수요자 중심으로의 계획 보완, 단계적 개발 및 공공부문 참요로 불확실성 완화 등으로 요약할 수 있다(새만금 기본계획, 2014).

〈그림 2〉 새만금사업의 비전 및 목표

*자료 : 새만금 기본계획, 2014.

〈그림 3〉 새만금 토지이용계획(안)

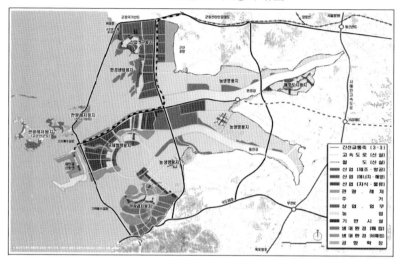

*자료 : 새만금 기본계획, 2014.


## Ⅲ. 새만금 투자유치와 신산업

　새만금사업이 성공하기 위해서는 정부차원의 적극적인 지원과 함께 민간자본의 투자유치가 반드시 필요하다. 새만금 기본계획에 따르면 전체 사업비 22.19조 원에서 약 47%인 10.33조 원을 민간에서 충당하도록 계획되어 있으며, 이와 더불어 상부시설 건설 등은 추가적으로 민간에서 투자가 되어야 할 부분이다. 따라서 새만금사업의 성공을 위한 핵심요소는 바로 국내외 민간자본의 투자유치라고 할 수 있다.

　민간투자는 크게 새만금사업에 사업시행자로 참여하여 직접적인 매립 및 조성공사를 진행하는 경우와 생산활동을 위해 설비투자를 하는 경우로 구분할 수 있다. 여기서 투자는 모두 산업 및 업종별 구분이 우선적으로 필요하다. 매립 및 조성공사 역시 토목 및 건설업으로 투자유치 영역을 구분할 수 있기 때문이다.

무엇보다 가장 중요한 것은 앞서 서두에서 언급한 바와 같이 새만금
을 미래전략산업의 요람으로 육성하는 등 국가의 미래먹거리를 마련하
기 위한 거점으로 활용하기 위한 방안을 우선적으로 살펴볼 필요가 있
다. 이를 위해서는 새만금이 가지는 장점을 극대화하고 주변지역과의
산업간 연계를 통해 시너지를 창출할 수 있는 산업 그리고 국가차원에
서 전략적으로 육성하고자 하는 산업을 중심으로 살펴보고 일차적으로
새만금에 적합한 업종을 검토할 필요가 있다.

## 1. 우리나라 및 새만금 주변지역의 전략산업 분석

박근혜정부는 과학과 ICT를 중심으로 한 창조경제 구현과 일자리 창출
을 첫 번째 국정목표로 제시하며, 상상력과 창의성에 기반한 산업개발을
촉진하기 위한 정책을 추진하고 있다. 첫 번째 전략과제인 창조경제생태계
조성에서는 문화컨텐츠, SW 등을 신성장동력으로 선정하고 지식+제조업분
야 융합 확산을 위한 시장선도형 핵심 소재·부품 개발하고, 유망 서비스
업 집중육성 및 의료·관광·교육·MICE·R&D등 서비스 허브화를 추진하
고 서비스 산업의 전략적 육성기반 구축의 주요 추진계획 마련하고 있다.

〈표 1〉 박근혜정부 국정과제 중점산업분야

| 추진전략 | 중점산업분야 |
|---|---|
| 창조경제<br>생태계 조성 | • 신성장동력: 유망성장동력과 문화컨텐츠, SW, 인문, 예술 간 융합<br>• 융합산업: 지식+제조업<br>• 핵심소재·부품: 차세대 HW기술개발, 나노소재, SW융합 부품<br>• 유망서비스산업: IT·SW, 연구개발서비스업, 컨설팅 등 사업서비스,<br>　　　　　　　문화·콘텐츠 분야, 사회서비스, 보건·의료서비스<br>• 서비스산업허브화: 의료, 관광, 교육, MICE, R&D<br>• 인터넷 신산업: ICT기술 기반 클라우드, 빅데이터 활용 신규서비스 |
| 일자리창출을<br>위한<br>성장동력<br>강화 | • 5대 글로벌 킬러 콘텐츠: 게임, 음악, 애니·캐릭터, 영화, 뮤지컬<br>• 농식품의 첨단산업화, 지속가능한 축산업 육성<br>• 해양신산업육성: 마리나 서비스업 육성, 해양바이오산업, 해양플랜트<br>• 지속가능한 수산업: 자원조성사업, 노후어선 현대화<br>• 보건산업 육성: 첨단의료기기, 화장품, 맞춤의료, 줄기세포, 신약<br>• 항노화산업: 화장품, 의약품개발, 헬스케어 융합제품·서비스 등 |

제6차 산업기술혁신계획(산업통상자원부, 2014)에서는 점차 성장률이 둔화되어 가는 우리나라 산업생태계 전반의 R&D 생산성과 창의성을 제고하기 위한 기술혁신전략을 제시하고 있다. 구체적으로 현장수요와 미래의 산업전망을 근거로 자율주행자동차 등 유망 신산업 발굴 및 제품-서비스 간 융합형 R&D를 확대 추진하고, 산업생태계의 선순환 고리를 형성함으로써 통합적 지원체계를 구축하려 하고 있다. 이를 통해 창의·도전형 산업기술 R&D 기획 및 관리체계 혁신 및 전략시장 창출을 위한 글로벌 기술협력 강화방안을 중점적으로 추진할 예정이다.

〈표 2〉 4대분야 13개 대형 융합과제

| 4대 분야 | 융합과제 |
|---|---|
| 시스템산업 | • 웨어러블 스마트 디바이스<br>• 자율주행 자동차<br>• 고속 수직이착륙 무인항공기 시스템<br>• 극한환경용 해양플랜트<br>• 첨단소재 가공시스템<br>• 국민 안전·건강 로봇 |
| 에너지산업 | • 고효율 초소형화 발전시스템<br>• 저손실 직류 송배전시스템 |
| 소재·부품산업 | • 탄소소재(플라스틱 기반 수송기기 핵심소재)<br>• 첨단산업용 비철금속 소재(티타늄(Ti) 소재) |
| 창의산업 | • 개인맞춤형 건강관리 시스템<br>• 나노기반 생체모사 디바이스<br>• 가상훈련 플랫폼 |

*자료 : 제6차 산업기술혁신계획, 2014.

또한 2014년 지역산업 육성계획(산업통상자원부, 2014)을 통해 그간 진행되어 온 지역산업 개편에 따른 시·도 대표산업을 선정하고 지역별 협력사업 육성을 위한 시범사업을 추진할 계획이다. 구체적으로 산업통상자원부는 광역선도사업과 특화사업으로 이원화되어있던 지역사업을 2015년부터 3개 사업으로 전환할 예정이다. 여기서 지역산업은 산학협력권사업(시·도연계), 주력산업지원사업(시·도), 지역전통(연고)산업육성사업(시 · 군 · 구, 행복생활권)으로 구분될 예정이다. 여기서 지역 주력산업은 시 · 도 간 협력산업을 새로이 선정 · 지원함에 따라, 특화산업, 광역선도산업 등 기존의 지원 대상 산업을 시 · 도 단위에서 중추적으로 육성할 산업으로 재편한 것이라 할 수 있다.

〈표 3〉 시 · 도별 주력산업 선정결과

| 시 · 도 | 주력산업 | 시 · 도 | 주력산업 |
|---|---|---|---|
| 부산 | 디지털콘텐츠, 지능형기계부품, 초정밀융합부품, 금형열처리, 바이오헬스 | 충북 | 바이오의약, 반도체, 전기전자부품, 태양광, 동력기반기계부품 |
| 대구 | 스마트지식서비스, 스마트분산형에너지, 정밀성형, 소재기반바이오헬스, 의료기기 | 충남 | 디스플레이, 자동차부품, 인쇄전자부품 동물식의약, 디지털영상콘텐츠 |
| 광주 | 스마트가전, 디자인, 초정밀공작기계, 생체의료용소재부품, 복합금형 | 전북 | 건강기능식품, 기계부품, 복합소재섬유, 해양설비기자재, 경량소재성형 |
| 대전 | 무선통신융합, 로봇자동화, 금속가공, 메디바이오, 지식재산서비스 | 전남 | 석유화학기반고분자소재, 에너지설비, 금속소재 · 가공, 바이오식품 |
| 울산 | 에너지부품, 정밀화학, 조선기자재, 자동차, 환경, | 경북 | 모바일, 디지털기기부품, 에너지부품, 성형가공, 기능성바이오소재 |
| 세종 | 자동차부품, 바이오소재 | 경남 | 항공, 기계소재부품, 지능형생산기계, 풍력부품, 항노화바이오 |
| 강원 | 웰니스식품, 구조용신소재 스포츠지식서비스 | 제주 | 물응용, 관광디지털콘텐츠 웰니스식품, 풍력 · 전기차서비스 |

*자료 : 2014년 지역산업 육성계획, 2014.

이와 함께 시 · 도 자치단체는 산업생태계를 기반으로 타 시 · 도와의 협의를 통해 16개 협력산업을 자율적으로 선정하였으며, 2014부터 산업부와 함께 시범사업을 추진하고 2015년부터는 16개 협력산업에 대해 본사업을 추진할 계획이다.

〈표 4〉 시 · 도별 협력산업 선정결과(16개)

| 협력산업 | 협력권 | | 협력산업 | 협력권 | |
|---|---|---|---|---|---|
| | 주관 | 참여 | | 주관 | 참여 |
| ① 조선해양플랜트 | 경남, 부산 | 전남, 울산 | ④ 기계부품 | 충남 | 세종 |
| ② 화장품 | 충북 | 제주 | ⑤ 광 · 전자융합 | 광주 | 대전 |
| ③ 의료기기 | 강원 | 충북 | ⑥ 기능성하이테크섬유 | 대구 | 경북, 부산 |
| ⑧ 로하스헬스케어 | 제주 | 강원 | ⑦ 친환경자동차부품 | 전북 | 광주 |
| ⑨ 이차전지 | 충남 | 충북 | ⑬ 바이오활성소재 | 전남 | 전북, 강원 |
| ⑩ 기능성화학소재 | 대전 | 충남 | ⑭ 자동차융합부품 | 경북 | 대구, 울산 |
| ⑪ 지능형기계 | 경북 | 대구, 대전 | ⑮ 차량부품 | 부산 | 경남 |
| ⑫ 에너지부품 | 광주 | 전북 | ⑯ 나노융합소재 | 울산 | 경남, 전남 |

또한 미래성장동력 실행계획(미래창조과학부, 2014)을 통해 창의와 융합을 기반으로 한 9대 전략산업과 4대 기반산업으로 구성된 13대 미래성장동력을 본격적으로 육성하려고 하고 있다. 이러한 미래성장동력 육성은 미래 시장수요를 중심으로 핵심기술 및 서비스 연구개발을 확대하고 중소 · 벤처기업의 지원정책 마련에 역점을 두고 있다.

〈표 5〉 13대 미래성장동력 과제

| 구분 | 미래성장동력 과제 |
|---|---|
| 13대 미래 성장동력 (미래창조 과학부) | • 9대 전략산업: 스마트자동차, 5G 이동통신, 착용형 스마트 기기, 지능형 로봇, 맞춤형 웰니스 케어, 재난 안전관리 스마트 시스템, Subsea 해양플랜트, 실감형 콘텐츠, 신재생 하이브리드 시스템<br>• 4대 기반산업: 지능형반도체, 융복합소재, 지능형사물인터넷, 빅데이터 |

*자료: 미래성장동력 실행계획, 2014.

주변지역의 산업정책을 살펴보면, 전라북도 종합계획(2012~2020)에서는 지역경제를 선도하는 신성장동력산업 및 고부가가치를 창출할 수 있는 첨단산업 육성을 통해 전라북도를 신성장동력 산업 중심의 산업구조로 개편하여 산업 경쟁력 강화를 목표로 제시하고 있다. 이를 위해 전라북도는 4대 전략산업(자동차부품기계산업, 생물산업, 신재생에너지산업, 방사선융합기술(RFT)산업)과 11개 산업(자동차산업, 탄소소재산업, 농기계산업, 조선해양산업, 식품산업, 발효미생물(MFT)산업, 태양광산업, 풍력산업, 방사선융합기술(RFT)산업, 인쇄전자산업, LED산업)을 선정하여 육성하고 있다.

〈표 6〉 전라북도 4대 전략산업과 11대 중점 육성산업

| 4대 전략산업 | 11대 중점 육성산업 |
|---|---|
| 자동차부품 기계산업 | 자동차산업<br>탄소소재산업<br>농기계산업<br>조선해양산업 |
| 생물(식품)산업 | 식품산업<br>발효미생물(MFT)산업 |
| 신재생에너지산업 | 태양광산업<br>풍력산업 |
| 방사선융합기술(RFT)산업 | 방사선융합기술(RFT)산업<br>인쇄전자산업<br>LED산업 |

*자료 : 전라북도 종합계획(2012~2020), 2012.

새만금과 인접한 국가산단으로 군산국가산단이 입지한 군산시 산업정책은 주로 조선산업, 자동차부품, 풍력·태양광 등 소재 및 신재생에너지를 중심으로 하고 있으며, 이에 따른 전략업종으로는 조선해양레저산업, 자동차 부품, 신재생에너지(태양광, 풍력)가 제시되었다.

〈표 7〉  전라북도 전략산업 종합

| 구분 | 제시 업종 | 전략업종 |
|---|---|---|
| 전북도 10대 전략산업 | • 친환경수송기계(자동차, 농기계, 조선해양) <br> • 녹색에너지(태양광, 풍력) <br> • 융복합소재기술(탄소, 인쇄전자, RFT, LED) <br> • 식품생명(식품) | • 친환경수송기계(자동차, 조선해양레저) <br> • 신재생에너지(태양광, 풍력) |
| 2013년 지역산업 진흥계획 (전북) | • 자동차 · 기계생산기반산업 <br> • 경량소재부품산업 <br> • 향토기능성식품산업 <br> • 인쇄전자산업 <br> • 에너지변환 · 저장부품산업 | • 자동차 · 기계생산기반산업 <br> • 경량소재부품산업 |
| 군산시 산업정책 (시정 계획, 2014) | • 조선산업 <br> • 자동차 부품 <br> • 풍력 · 태양광 등 소재 및 신재생에너지 | • 조선해양레저산업 <br> • 자동차부품 <br> • 신재생에너지(태양광, 풍력) |

## 2. 새만금을 효과적으로 활용가능한 신성장동력 산업

우리나라와 새만금의 지속가능한 발전 및 경쟁력 강화를 위한 신성장동력 산업은 앞서 검토된 우리나라와 새만금 주변지역의 전략육성산업 POOL과 함께 새만금이 가지는 지리적, 정책적 장점을 극대화하기 위한 방향에서 새만금을 적극적으로 활용할 필요가 있는 산업이 제시될 수 있다.

새만금을 활용하여 경쟁력 및 미래기반을 확보하기 위한 산업은 크게 주력산업과 미래성장동력산업으로 구분하여 제시된다. 주력산업과 관련하여 새만금에 유치해야 할 주요업종으로는 자동차부품 및 기계산업, 식품산업, 탄소소재산업 등으로 정리된다. 여기서 식품산업은 국가식품클러스터 등 주변지역과의 연계성과 함께 새만금신항만 등 글로벌 수출입을 위한 기반시설 활용을 고려할 필요가 있다. 또한 미래성장동력산업과 관련해서는 전기자동차 등을 중심으로 한 첨단자동차, 첨단세

라믹 및 탄소 융복합소재와 같은 첨단소재산업, 미래 기능성 섬유의류산업, 기능성 식품 등 고부가 식품산업, 신재생에너지산업 등이 제시될 수 있다.

〈그림 4〉 새만금 신성장동력 산업 제안

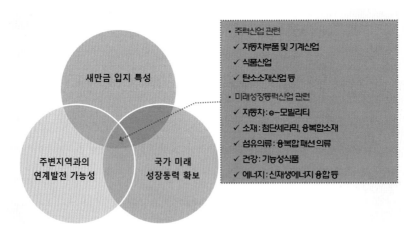

## Ⅳ. 새만금과 투자협력

### 1. 새만금의 차별화 전략, 경제협력

새만금 기본계획 변경과 함께 글로벌 여건변화를 고려한다면, 기존 국내외 특구와의 경쟁을 위해 새만금이 차별성을 확보하기 위한 방안으로 적극적인 투자협력 활용은 매우 중요한 전략으로 활용될 것이다. 다시 말해, 새만금은 개발과 투자유치 등에 있어 국가 간 또는 기업 간의 협력을 기반으로 한다는 차별성을 부각시킬 필요가 있다. 이를 위해서는 새만금의 유망산업들에 대한 기업유치와 투자를 어떻게 이끌어 낼 것인가가 중요하다. 구체적으로 각 산업별로 어떤 국가 또는 기업과의 투자를 위한 경제협력이 필요한지에 대한 검토가 선행되어야 할 것이며, 협력 방식 또한 다양한 각도에서 고려되어야 할 것이다.

새만금에 초국적 경제협력 도시를 건설하는 데 있어 가장 중요한 것은 경제협력 도시의 개념을 어떻게 설정하느냐일 것이다. 새만금 기본계획에 따르면 경제협력 특구의 개념은 다양한 국가나 기업이 서로 협력하여 공동으로 단지를 개발하고 도시를 형성함으로써 새롭게 조성하는 초국경의 개방형 경제특구를 지칭하고 있다. 현재 가장 빠르게 논의되고 있는 새만금 한중경협단지는 한국과 중국이 공동으로 단지를 개발하고 도시를 형성함으로써 새롭게 조성되는 단지를 말하며, 추진과정에서의 단지 공동 조성, 단지 내 산업협력, 공동 투자유치협력 등 양국 간 다양한 협력 방식을 활용할 수 있도록 추진되고 있다. 이를 통해 양국 간 자본과 기술력, 교역조건 등을 결합하여 상호 국가 경쟁력 향상을 협력적으로 도모함으로써 보다 진일보한 양국 간 경제협력이 가능할 것으로 기대하고 있다.

따라서 새만금은 기존 국내외 경제특구와의 차별성을 위하여 국가 간 경제협력을 핵심 마케팅 포인트로 활용할 필요가 있다. 또한 새만금을 국가 간 기업 간 경제협력의 제약이 없고, 경제협력에 대한 인센티브를 제공하고, 이와 함께 이들 산업 또는 업종에 대한 투자유치를 위한 차별화 방안이 제시될 필요가 있다.


## 2. 투자협력 방식

새만금에 대한 국가 간 경제협력이 이루어질 경우, 실제 투자협력은 공영 또는 민영기업 중심으로 이루어 질 것이다. 일반적으로 해외직접투자 방식은 기존 설비를 그대로 인수하는 경우와 새로운 설비 건설을 위한 신규 설립으로 구분할 수 있다. 기존 설비를 인수하는 경우는 시장이 포화상태이거나, 신규 설립에 따른 위험을 회피하고자 할 때이며, 신규 설비 건설을 하는 경우는 인수가 불가능하거나 인수에 따른 문제 발생이 예상될 경우에 추진된다. 이와 함께 투자에 있어 기업 간에 협력하는 일반적인 동기는 비용분산 및 절감, 역량의 향상, 경쟁 회피 또는 대응, 수직적수평적 연결, 지식획득 등으로 알려져 있으며, 협력의 국제적 동기는 지역 특유의 자산획득, 정부제약 요인 극복, 지리적 다양성 확보, 위험 노출 최소화 등이 제시되고 있다.

일반적으로 기업 입장에서의 투자협력은 협력사의 수와 소유권의 분포에 따라 세분되며, 이 때 투자협력의 방식은 기업이 추구하고자 하는 방향과 상호간의 이해관계에 따라 결정된다. 새만금의 경우 대규모로 진행되기 때문에 사업성 등에 있어 고려사항들이 복잡하게 연결되어 있어 투자유치에 어려움을 겪어 왔다. 따라서 국가 간 기업 간의 상호 이해를 바탕으로 글로벌 시장에서의 경쟁력 확보 등의 공동의 목표를 달성하기 위해 투자협력 방식으로 투자유치 전략을 마련할 필요성이 지속적으로 대두되어 왔다. 그 결과 앞서 설명한 새만금 기본계획에서도 경제협력과 함께 투자협력을 기반으로 새만금 사업을 추진하고자 하는 내용을 담고 있다.

〈그림 5〉 투자협력 방식 구분

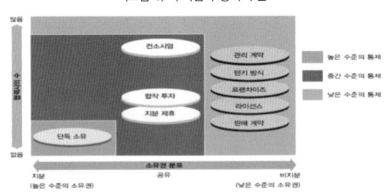

그러나 지금까지의 사례를 살펴보면 경제협력 과정에서 발생하는 문제점으로 협력업체들 간에 상이하고 다양한 목적, 통제 등 상대적인 중요성의 차이에 기인하며, 또한 협력에 대한 기여도와 이익 배분에 따른 문제도 협력에 대한 어려움을 만들어내는 요소로 제시되고 있다. 뿐만 아니라 국가와 기업 간의 문화적 차이는 협력에 있어 중요한 걸림돌로 작용하고 있다.

## 3. 최근 한중 투자협력 사례

2014년 추진된 중국의 해외투자는 크게 해외자원개발, 부동산 및 건설, 인터넷 및 문화콘텐츠, 에너지관련 산업, 금융, 제조업의 기술 및 브랜드 등으로 요약할 수 있다. 특히 인터넷 및 문화콘텐츠, 제조업 분야 등은 주로 선진국을 대상으로 투자가 이루어지고 있으며, 제조업분야 투자는 전자 및 신에너지분야, 소재, 의약, 기계, 자동차, 의류 등 다양한 분야에서 이루어지고 있고, 대부분 기술력이 뛰어난 회사를 중심으로 투자가 이루어지고 있다. 해외건설은 신흥국을 대상으로 이루어지고 있으며, 해외 부동산획득은 주로 선진국의 빌딩 등을 대상으로 투자가 추진되고 있다.

한국에 대해서는 2014년 9월 말까지 총 5건이 이루어졌는데, 문화콘텐츠기업에 대한 투자가 많이 이루어지고 있고, 일부 제조분야에도 투자가 이루어지고 있다. 그러나 대부분 협력사업을 위해 중국 측이 소수지분에 참여하는 형태를 띠고 있는 실정이다.

〈표 8〉 2014년 중국의 한국에 대한 해외투자 현황(9월 말 현재)

| 투자자 | 투자대상 | 비고 | 연월 |
|---|---|---|---|
| 湖北远东卓越科技 | 한국 LG화학 | 토너 카트리지 사업부 매수 | 2014.9 |
| 朗姿 | 한국 아가방 | 15.3% 지분 인수, 영유아 의류 | 2014.9 |
| 腾讯 | 한국 PATI Games | 20% 지분 인수, 모바일게임개발 | 2014.9 |
| 搜狐 | 한국 KeyEast | 6% 지분 획득, 전략적 제휴, 문화콘텐츠 | 2014.8 |
| 腾讯 | 한국 CJ Games | 28% 지분 매수, 게임분야 전략적 제휴 | 2014.4 |

*자료: www.chinagoabroad.com("中国走出去"网站) 재인용
　주: 해외투자계약이 체결되었거나 의사를 밝힌 경우

　　중국의 해외투자 사례에서 나타난 바와 같이 중국의 제조업 해외투자는 기술이나 브랜드에 매력을 가진 기업에 대한 투자가 대부분이므로 국내에서도 이러한 기업 중 투자자금 및 중국 시장진출이 필요한 기업 발굴이 필요하다. 특히 산업은 식품가공, 의류 등에서부터, 섬유소재 및 화학소재, 기계, 자동차 등에 이르기까지 다양한 분야에서 투자가 이루어지고 있다. 또한 중국이 부동산개발 및 건설사업에 대한 투자도 활발하게 추진하고 있어 토지조성 및 분양사업 등에 중국 자본을 유입을 위한 기반을 마련할 필요가 있다.

## 4. 투자유치를 위한 마케팅 전략

　　경제협력을 통한 투자유치 전략을 추진하기 위해서는 지금까지의 투자유치 전략과는 조금 다른 접근을 시도할 필요가 있다. 그중 하나가 기업의 마케팅 기법의 하나인 글로컬 전략을 투자유치에도 변형하여 적용할 수 있을 것이다. '글로컬라이제이션(glocalization)'이란 세계화를 의미하는 글로벌라이제이션(globalization)과 지역화를 의미하는 로컬라이제이션(localization)의 합성어다. 글로컬라이제이션의 개념은 마케팅 용어에서 기원했는데, 지역적인 것의 세계적 생산과 세계적인 것의 지역

화를 표현하는 것으로 쓰인다. 세계적이며 지역적인 것은 서로를 구성하며, 지역적으로 여겨져서 세계적인 것과 균형을 이루는 것 대부분은 초지역적인 과정의 결과다(Chris Barker, 2004). 따라서 문화의 생산과 유통에서도 문화제국주의적 또는 일방적인 것이 아니라 지역 고유의 문화와 세계의 문화가 함께 고려되어야 한다.

글로컬라이제이션, 즉 세방화는 소니(SONY)의 창업자 모리타 아키오(盛田昭夫)가 사용한 신조어다. 기업 경영에서 세계화와 현지화를 동시에 이뤄 시너지 효과를 극대화하려는 다국적 기업의 현지 토착화를 말한다. 이 개념은 1980년대 중반 미국과 일본에서 많이 썼는데, 세계화를 추구하면서 동시에 현지 국가의 기업이나 사업의 풍토를 존중하며 현지에 맞는 전략을 실행하는 경영 방식을 말한다. 즉 기업 경영전략의 방향이나 기본 가치관은 동일하게 운영하되, 제품의 성능이나 마케팅 방식 그리고 조직 운영 등은 현지 실정에 맞게 수정함으로써 경쟁력 강화에 노력하는 것이다.

이와 같은 글로컬 전략을 새만금사업 투자유치에 적용하기 위해서는 무엇보다도 관점의 전환이 필요하다. 앞서 언급한 바와 같이 글로컬은 세계화를 추구하면서 현지화 전략을 동시에 추진하는 것이다. 경제협력의 목적은 세계화에 대한 공동대응을 의미한다면, 투자유치에 있어서는 투자기업의 현지화 지원 또는 투자기업에 맞춤형 환경(예를 들면, 차이나타운 조성 등)을 제공할 수 있어야 한다는 것이다. 즉, 글로벌 경쟁력 강화라는 공동의 목적을 달성하기 위한 경제협력을 위해 협력의 주체인 국가 또는 기업 간에는 신뢰향상과 함께 투자자가 원하는 환경을 제공하거나 투자활동에 불편함을 제거해 줌으로써 최적을 여건을 조성해 주어야 한다. 이를 투자유치의 핵심 키워드인 경제협력을 기반으로 새만금을 개발하기 위한 기본 전제로 활용되어야 할 것이다.

## V. 결론

지금까지 새만금사업은 국가가 직접 추진하는 대규모 국책사업임에도 불구하고 국내외 다른 개발지구들에 비해 차별화된 정체성과 개발전략을 확보하지 못하였다. 환황해권 중심지이며 한반도의 중심부에 위치한 대규모 매립지라는 새만금의 지정학적 장점과 FTA 다체결 국가로서 우리나라의 장점을 충분히 활용할 수 있는 차별화된 투자유치 전략 마련이 필요하다. 이와 함께 투자유치를 선도하기 위한 다양한 과제들이 선제적으로 해결되어야 할 것이다.

첫째는 새만금 선도과제인 한중경협단지가 우선적으로 성공적 추진되어야 할 것이다. 새만금 기본계획 변경과 함께 새만금의 정체성은 글로벌 경제협력 거점에서 찾을 수 있다. 특히 중국과의 진일보한 경제협력의 일환으로 추진되고 있는 새만금 한중경협단지는 새만금사업 활성화에 중요한 역할을 담당하게 될 것이다. 한중 국가 간 그리고 기업 간의 진일보한 경협추진이 성공적으로 안착된다면, 다른 국가와의 경협단지 조성도 보다 수월하게 진행될 가능성이 높아지기 때문이다. 즉, 새만금 한중경협단지는 새만금의 국가별 경협특구 조성 그리고 국가 간 기업 간 경제협력을 통한 투자유치를 확산시키기 위한 기반이 될 수 있을 것이다. 둘째는 국가 차원에서의 R&D 협력지원과 함께 글로벌 기업의 R&D 센터가 설립될 수 있도록 지원이 필요하다는 것이다. 일반적으로 공동 투자, 공동 생산의 구조만으로는 경제협력이 지속되기가 어렵다. 따라서 기술향상을 통한 글로벌 경쟁력 확보가 우선되어야 할 것이며, 이는 공동 R&D 투자를 통해 가능할 것이다. 셋째는 투자협력 관련 차별화된 인센티브가 마련되어야 한다. 지금까지 우리나라의 외국인투자에 대한 인센티브는 경제자유구역, 자유무역지역, 외국인투자지역 등이 있지만 각각은 특색을 가지지 못한다는 한계를 가지고 있다. 새만금은 기존 특구에서 제시된 투자 인센티브와 더불어 경제협력에 대한 투자

인센티브를 추가로 제시하여 경제협력 거점으로서의 차별성을 확보할 필요가 있다. 마지막은 투자협력 전담 조직 구성 및 역량 강화가 필요하다는 것이다. 앞서 제시된 바와 같이 투자협력에 대한 목적과 방식, 문제점 등에 대한 인식의 차이를 좁히지 못하면 투자협력이 이루어지기 어려운 것이 사실이다. 따라서 새만금투자에 있어 협력이 보다 적극적으로 이루어 질 수 있도록 지원할 수 있는 전담 조직과 함께 조직의 역량 강화 및 확보가 중요할 것이다. 이를 기반으로 새만금에 있어 경제협력을 통한 공동 개발과 기업 활동의 지원이라는 마케팅 포인트를 적극활용하여 우리나라의 대표적인 국책사업인 새만금개발사업이 활성화되기를 기대한다.

◆참고문헌◆

미래창조과학부, 2014, 『미래성장동력 실행계획』.

산업통상자원부, 2014, 『제6차 산업기술혁신계획』.

산업통상자원부, 2014, 『지역산업 육성계획』.

서동혁, 2014, 『성장동력 창출을 위한 제조업의 창조화 전략』, 『KIET산업경제』.

새만금개발청, 2014, 『새만금 기본계획』.

손민정·정지범, 2013, 「미래 유망 신성장동력 산업의 고찰 및 IT융합 산업
　　　의 경쟁력」, 『한국통신학회 종합학술발표회』 자료집.

장윤종, 2012, 「신성장동력 정책의 성과와 향후 보완과제」, 『KIET산업경제』.

전국경제인연합회, 2014, 『2015년 경영환경조사』.

전라북도, 2012, 『전라북도 종합계획(2012~2020)』.

한국무역협회. http://www.kita.net

/제7장/

# 한·중 경협단지 운용과 한·중FTA 서비스분야 자유화

김명아

## I. 서언

2014년 11월 10일 중국 베이징에서 개최된 한·중 정상회담에서 양국 정상은 한·중 FTA 협상이 실질적으로 타결되었음을 공식 선언한 바 있다. 한·중 FTA 타결을 통하여 기존 가공무역 중심의 대중 수출구조가 중국 내수시장을 겨냥한 고부가가치 최종 소비재 위주로 바뀌는 중요한 전기가 될 것으로 예상되는 가운데, 건설, 유통, 환경, 법률, 엔터테인먼트 등 중국 유망 서비스 시장에서 양허를 확보하고, 금융, 통신 분야 규범을 강화함으로써 우리기업들의 진출 기회가 확대될 것으로 기대하고 있다. 그리고, 협정 발효 후 2년 내에 서비스, 투자에 대한 네거티브 방식의 후속협상을 개시함으로써 개시 후 2년 이내에 후속협상을 종료키로 합의하여 추가적인 중국 서비스 시장 개방의 기회를 확보하기도 하였다.[1]

---

1) 산업통상자원부, 「한·중 FTA 협상의 "실질적 타결"」, 2014.11.10 보도참고자료(http://www. fta.go.kr/추/paper/1/).

우리나라는 현재 새만금 지역의 넓은 부지를 이용하여 FTA 체결국을 중심으로 한 글로벌 경협 특구를 조성하여 새만금을 동북아 자유무역과 중간재 생산 및 가공 수출의 허브로 조성하고자 하는 계획안을 내놓고 있다. 특히, 현재 새만금개발청에서 추진 중인 새만금사업에서는 그 일부 지역을 한·중 경협 시범단지로 조성하기 위하여 노력 중에 있다.[2]

새만금 지역의 경협단지는 우리나라에서 추진되는 국가 간 경제협력 특구의 첫 사례가 될 것이며,[3] 양국정부의 협력에 의하여 한·중 경협단지를 조성하게 된다. 또한, 새만금 한·중 경협단지는 한·중 양국 정부가 공동으로 추진하는 경제협력 단지이니만큼 우리측 기업들도 새만금 한·중 경협단지에 투자함으로써 중국으로의 진출을 위한 거점으로 활용할 수 있고, 중국측 기업들의 경우에도 한국 진출과 나아가 한국이 체결한 다양한 FTA를 활용하여 세계시장으로 진출하기 위한 거점이 될 수 있다.

다만, 새만금 한·중 경협단지의 성공을 위하여서는 한·중 FTA와 연계하여 운영해가야 할 것이며, 특히 한·중 FTA 서비스분야 후속협상을 통한 서비스 시장 개방 기회를 최대한 이용하여야 할 것이다.

아래에서는 한·중 경협단지의 활용 방안에 대한 기초적인 구상과 중국의 서비스산업 발전 상황을 소개함으로써, 한·중 경협단지 운용에

---

2) 이병국, 「새만금 한·중경제협력단지 구상」, 『새만금과 한·중 경제협력』(「새만금 한·중 경협단지」 성공적 추진을 위한 한·중 국제세미나 자료집), 새만금개발청, 2014.6.23: 19~34을 참고.

3) 중국은 전세계적으로 19개의 해외경제무역합작구를 허가하였으며, 이를 건설 중에 있다. 한국 전남 무안 기업도시의 한·중 국제산업단지도 중국 정부로부터 해외경제무역합작구 건설 개발 승인을 받은 바 있다. 중국의 19개 해외경제무역협력구는 대부분 자원부국을 위주로 지정되어 운용되고 있으나, 우리나라에 조성이 허가되었던 무안의 한중국제산업원구(韓中國際產業園區)의 예에서 보다시피, IT산업이나 Bio산업 내지 물류업과 같이 부가가치가 높은 업종에 대한 투자도 이루어지고 있음을 알 수 있다. 국내 사정으로 인하여 무안기업도시 구역지정이 해제되면서 무안 한중국제산업원구도 무산되었으나, 중국이 한국에 해외경제무역협력구 건설을 허가하였던 목적을 비추어본다면, 향후 새만금 한·중 경협단지 조성에도 일정한 시사점이 있을 것으로 본다.

있어서의 서비스분야에 대한 일정한 시사점을 제시하고자 한다.


## II. 상호호혜적인 한 · 중 경협 시범지역의 운용 가능성

중국은 WTO 가입시에 법률 · 회계 · 조세 · 금융 · 의료 · 통신 · 유통 등의 서비스업에 대한 일정한 수준의 개방을 약속하였다.[4] 그러나, 「외국인투자 산업지도목록(外商投資産業指導目录)」을 통하여 제한을 가하고 있으며, 아직 약속한 개방 수준을 지키지 못하고 있다. 서비스업 개방은 위에서 살펴본 경제특구성 시범지역을 이용한 제한적 범위 내에서 실험적 시도로서의 각 업종별 시범업무를 시행하고 있을 뿐이다. 경제특구성 시범지역의 운용을 통하여 금융, 전자상거래, 물류, 상업적 주재 등에 대한 자유화 수준을 높여가고 있다.

중국의 국가발전개혁위원회는 2011년 샨동지역을 해양경제발전 시범지역으로 지정하는 내용의 「샨동반도 남색경제구 발전계획(山东半島蓝色经济区发展规划)」을 수립하였으며,[5] 국무원의 승인을 받은 바 있다. 이에, 상무부와 샨동성정부, 중국인민은행 등은 각각 관련 정책을 수립하여 발표한 바 있다.

---

4) 중국은 국제복합운송기업의 외국인투자 진입요건을 완화하는 등 운송업과 물류업에 대한 개방수준을 높여가고 있다.

5) '샨동반도 남색경제구'는 2011년에서 2013년 사이에 국무원이 허가한 '저장 해양경제발전시범구(浙江海洋經濟發展示范區)', '광동 해양경제종합시험구(广東海洋經濟綜合試驗區)', '푸젠 해협남색경제시험구(福建海峽藍色經濟試驗區)'와 함께 해양경제발전시범지역(全國海洋經濟發展試点地區)의 하나이다.
칭다오 사회과학원 경제전략관리연구소 쑤이잉휘(隋映輝) 소장은 과학시보(科學時報)와의 인터뷰를 통하여 '남색경제구는 경제 · 과학기술 · 사회 · 개방에 바탕을 두고 육지와 해양의 일체화 및 창조혁신시스템 구축을 말하는 것이며, 지역 경제사회 발전과 신흥산업의 확대에 영향을 미친다'고 표현한 바 있으며 또한, 남색경제구는 해양공간을 이용한 일종의 창조경제지역으로서 해양자원에 기초한 각종 경제발전의 원동력을 창출할 수 있는 지역으로 표현되기도 한다(http://www.doc88.com/p-8149048691096.html).

상무부는 2012년의 「샨동반도 남색 경제구 건설에 관한 중일한 블록경제 협력 시범지역 건설 방안에 대한 상무부의 회신(商务部办公厅关于在山东半岛蓝色经济区建设中日韩地方经济合作示范区的框架方案的复函)」을 통하여, '중-일-한 블록경제 시범지역'을 단순한 실험적 시범지역의 운용을 넘어선, 해양경제개발 모델로서의 시범지역으로 지위와 범위를 확장하였다. 샨동반도 남색경제구는 기본적으로 해양경제특구의 성격을 가지고 있으며, 그 운용에 있어서 육상-해양의 공간적 이점을 이용하여 경제개혁과 대외개방을 수행하려는 정책을 수립하고 있다.

샨동성 정부는 「샨동반도 남색 경제구 건설에 관한 중일한 블록경제 협력 시범지역 건설방안(关于在山东半岛蓝色经济区建设中日韩地方经济合作示范区的框架方案)」[6]을 통하여, ⅰ) 중-일-한 정부 간 '경제협력 동반자관계'를 수립하고, ⅱ) 중-일, 중-한 산업원 건설 협력과 ⅲ) 중-일-한 경제무역 교류 포럼을 개최하기로 하며, ⅳ) 보세항구와 종합 보세구역의 기능을 수행하기로 하였다. 또한, ⅴ) 항구 물류 협력을 강화하고, ⅵ) 일본, 한국과의 항공노선을 증가시키기로 하였으며, ⅶ) 투자·무역의 편리화를 추진하기로 하였다.

샨동반도 남색경제구의 7대 중점도시들은 각각 한·중·일 협력을 위한 시범지역을 구상 및 운용 중이며, 기존의 한국기업 유치단지를 한·중 경협시범지역으로 변경하여 운용하거나 새로운 방식의 시범지역으로 운용하기 위하여 정책 방안을 수립하여 가고 있다. 특히, 칭다오시의 경우 각종 목적별로 설립된 경제특구성 시범지역을 다양하게 운용함으로써 관련 정책과 규정을 마련해가고 있기 때문에 향후 한·중·일 경제협력에 있어서 가장 핵심적인 도시로 역할하게 될 것으로 전망된다.

우선, 샨동성 지역에 한·중 경협 시범지역을 선정함으로써 한·중 위안화 무역결제 급증에 따른 한국 내 위안화 자금의 본토 유입 채널으

---

6) http://www.shandongbusiness.gov.cn/index/content/sid/228591.html

로 이용할 수 있다. 즉, 위안화 역외센터를 한국 소재 한·중 경협 시범 지역 등에 설치하고, 중국 본토의 한·중 경협 시범지역에 설립한 한국 기업에 위안화 대출을 실시함으로서 자금조달의 편의성을 제고할 수 있 다. 한국 내 위안화 무역결제 기업들이 보유하고 있는 위안화 헤지 시 장을 한국 소재 한·중 경협 시범지역에서 운용하는 것도 가능할 것이다.

그리고, 한국의 경제성장 과정과 자본시장의 발전 경험은 중국 입장 에서도 충분한 시사점이 있을 것이며, 이에 중국 소재 한·중 경협 시범 지역에 대하여 대 한국 자본에 대한 금융시장 개방수준을 높이는 샨동 성 선행조치를 시범적으로 운영할 수 있을 것으로 본다. 샨동성 선행조 치 분야와 방식에 대하여서는 중국-홍콩 CEPA 내지 중국-마카오 CEPA 에서 실시하였던 '광동성 선행조치'의 예를 참고할 수 있을 것으로 본다.

중국 소재 한·중 경협 시범지역에서의 개방 분야는 FTA 3.0 수준에 맞게 서비스업 특히 금융산업, 물류업, 문화산업, 교육, 의료, 해양, 친환 경, IT, BT, CT 등 고부가가치 산업에 대한 자유화 수준을 높이도록 하 고, 한국 소재 한·중 경협 시범지역에서도 고부가가치 산업에 대한 경 쟁력 강화를 위주로 정책을 시행한다면 한국과 중국 양측 모두에게 유 리할 것으로 예상된다.


## III. 중국의 서비스업 발전 현황과 관련 정책

중국 정부는 2007년 3월과 2008년 3월에 각각 「국무원의 서비스업 발 전 촉진에 관한 약간의 의견(國務院下發加快發展服務業若干意見)」(國辦 發〔2008〕11号)과 「국무원 판공청의 서비스업 발전 촉진에 관한 정책 시행 실시의견(國務院辦公廳關于加快發展服務業若干政策措施的實施意 見)」(國發〔2007〕7号)을 발표를 통하여 2020년까지 중국의 경제구조를 서비스업 중심으로 전환하여 부가가치를 높여갈 것을 표명한 바 있다.[7]

또한, 「12.5 계획」에서도 신흥전략산업 육성 및 서비스업 발전을 포함하고 있어서 앞으로 중국 내에서의 서비스산업 발전 폭은 지속적으로 확대될 것으로 예상된다. 상무부 등이 마련한 2011년의 「서비스무역 발전 '12.5' 계획 요강(服務貿易發展"十二五"規劃綱要)」에서는 12.5 기간 내에 서비스무역수출입 총액을 6천달러까지 끌어올리겠다는 의지를 표현한 바 있다.8)

특히, 「서비스무역 발전 '12.5' 계획 요강」에서는 5대 발전목표와 7대 전략, 8대 보장조치, 30개 중점영역을 정하고 있다. 중점영역에는 관광, 정보기술, 기술무역, 대외노무협력 및 도급, 건축, 해상운송, 항공운송, 철도운송, 도로운송, 운송주선, 의료 및 바이오의약, 교육, 회계, 문화예술, 방송·영화, 뉴스·출판, 보험, 증권선물, 은행 및 기타 금융, 통신, 우편·택배, 환경 및 에너지절약, 법률, 임대차, 광고, 컨벤션, 할부판매, 숙박·요식, 스포츠, 국제인재교류 및 협력 등이 포함된다.

서비스산업은 분야 및 업종에 따라 비즈니스 형태에 상당한 차이가 있으므로 중국 내수시장 진출을 위하여서는 이러한 서비스업 개방 정책에 따라 업종별 특성을 반영하는 것이 중요하다.

따라서, 한·중 경협 시범지역 선정을 통하여 분야별 개방수준을 높이고, 양국 정부의 지속적인 분야별 협력이 필요할 것이다. 특히, 시범지역에서 개방되는 유망 서비스업종에 따라 해외 진출 촉진을 위한 지원 방안을 수립함으로써 향후 한·중 FTA 발효 이후에도 중국 시범지역 진출과 한국의 한·중 경협시범지역 운용상에서의 활용방안을 제고할 수 있을 것이다.

우리나라 입장에서는 한·중 FTA 후속협정을 통하여 높은 수준의 서비스시장 개방을 요구하는 것이 가장 유리할 수 있으나, 그 동안의 중

---

7) http://www.gov.cn/zwgk/2008-03/19/content_923925.htm

8) http://www.mofcom.gov.cn/aarticle/ae/slfw/201111/20111107851607.html

국의 태도로 볼 때 일시에 높은 수준의 자유화조치를 기대하기 어려운 부분이 있다고 판단된다.9) 업종별 제한 요인에 대한 FTA 협상과정에서의 제한요인 완화 방안에 대하여서는 기존에 잘 정리된 보고서가 있는 바10) 이글에서는 언급하지 않기로 하며, 중국 소재 경제특구성 시범지역으로의 진출 또는 한국 소재 한·중 경협 시범지역 운용 상의 시사점을 위주로 정리하기로 한다.


## Ⅳ. 중국의 서비스업 발전 방향에 따른 한·중 경협 시범지역의 활용

중국뿐만 아니라, 우리나라의 경우에도 창조경제 활성화를 위하여서는 1, 2차 산업의 기초하에 각 산업별 융복합과 서비스업의 발전이 필요한 상황이다.11) 따라서, 새만금 한·중 경협 시범지역 개방 분야는 첨단기술 분야를 포함한 제조업과 다양한 서비스업을 포함하여야 할 것이다.

새만금 지역의 개발이 정착단계에 접어들기 전까지는 인천항과 기존 공단의 입지에 따른 잇점을 최대한 살리도록 하고, 송도에서는 의료·금융·컨벤션·교육·법률 등의 개방을 위주로 하며, 영종도의 경우에

---

9) 중국-홍콩 CEPA나 중국-마카오 CEPA, ECFA 서비스협정 등은 중국이 체결한 협정들 중에서 서비스분야의 개방수준이 가장 높은 것으로 평가되고 있어서 앞에서 소개한 CEPA 보충협정 내용이나 광동성 선행시범조치는 우리나라 투자자가 중국의 서비스시장 개방수준을 예측할 때 좋은 예가 될 것이다. 그렇지만, 중국 정부는 CEPA나 ECFA 는 '하나의 중국' 원칙에 따른 국내 지역 간 협의이며, 다른 국가와의 FTA 체결 시에 동일한 수준의 서비스시장 개방에는 미온적인 태도를 보이고 있다.

10) 박정수 외,『한중 FTA 서비스협상의 업종별 대응방안』, 산업연구원, 2014.3.27: 1~200 에서는 한·중 FTA 서비스 분야 협상에서의 업종별 대응방안을 분석·정리하고 있으며, 각 서비스 분야별 대응방안을 잘 수립하고 있다.

11) 김윤정,「창조경제 구축을 위한 융합촉진 법제 및 규제 선진화 방안」,『창조경제 새로운 아이디어 새로운 시장』, 경제인문사회연구회, 2013. 5: 354~377 참고.

는 항공운송을 연계한 복합운송과 쇼핑, 복합레져 서비스업 분야의 개방에 중점을 두는 것이 가능하겠다. 이처럼 초기에는 인천 지역의 기존 인프라가 가진 장점을 최대한 이용하고 향후 경기-충청-전라-경상-강원을 해양경제로 이음으로써 새만금 한·중 경협 시범지역을 중심으로 전국으로 이어지는 환황해권 경제협력 시범지역으로 발전 시켜갈 수 있을 것이다.

## 1. 법률 서비스

우리나라 투자자가 FDI 방식으로 중국의 각 시범지역에 진출하는 경우, 직접투자를 통하여 설립되는 기업의 인허가 절차와 기업등기 절차, 기업 운영 등에 있어서 일정한 법률·회계·세무 관련 지식이 필요하고, 전문가의 자문도 필요한 부분이 발생한다. 중국 법 체계는 전국인민대표대회에서 제정하는 법률 형식의 규정 외에도 국무원과 각 부처에서 정한 다양한 행정법규 및 부문규장이 있고, 각 지방별로 제정하는 지방성 법규와 자치조례로 복잡하게 구성되어 있어서 각 지역별 규정을 일일이 확인할 필요가 있다.

따라서, 한국 투자자가 중국법에 대한 배경 지식이 부족한 상태에서 중국 내에 기업 설립 절차를 진행하는 경우 법률 자문이나 회계·세무에 관한 자문이 필요한 것은 당연한 일이라 할 것이다.

그러나, 중국은 법률서비스시장이 외국에 개방되어 있지 않아 외국로펌은 대표처 형태로만 중국에 진출할 수 있다. 즉, 중국에서는 외국로펌이 중국인 등록 변호사를 고용하는 것이 금지되어 있어서 외국투자자까지도 자국에서 진출한 로펌을 자유롭게 선택하지 못하게 되는 것이다.

중국은 WTO 가입 시에 법률서비스 시장 개방을 일정 수준 이상으로 약속하였으나, 아직 낮은 수준의 개방에 머물러 있고 다른 기체결 FTA에서도 법률시장 개방은 허용하고 있지 않다. 다만, 중국-홍콩 CEPA의 경우에는 차별적으로 중국 변호사자격을 취득한 홍콩 변호사에 대하여 중국에서 비소송 법률사무에 종사할 수 있도록 한 바 있다. 또한, 광동성 선행시범조치에 따라 홍콩법률사무소 대표처를 션쩐 및 광저우에 설립하게 되면 체류기간에 대한 제한을 받지 않게 된다. 이는 중국이 홍콩과의 관계를 특별행정구역으로 특수하게 판단하는 것과 관계없이 CEPA는 GATT 제24조 및 GATS 제2조에 따라 WTO 규범 하에서 독립관세지역 간 체결되는 자유무역협정으로 볼 여지가 있다는 점, 중국 내의 외국로펌과 자국로펌 사이에 시장접근성과 조세와 관련한 차별적 조치[12]는 WTO 가입시 약속한 내국민대우와도 저촉될 수 있다는 점을 들어 한 · 중 FTA 협상 시에 더욱 적극적인 요구를 할 필요가 있다.

## 2. 금융 서비스

금융 서비스 분야에서는 샨동성 칭다오시가 2014년 2월 10일에 「칭다오시 자산운용 관리 금융종합개혁 시범지역 총체방안(靑島市財富管理金融綜合改革試驗区总体方案)」에 대한 국무원의 승인을 받은 상태이므로, 상업은행 및 금융투자업의 발전이 기대되고 있다. 또한, 원-위안화 직거래시장 개설과 위안화 청산결제은행 선정, RQFII 규모가 확정되면서 한국에서는 위안화 역외센터 구축을 위한 관련 인프라를 갖추게 되었으므로 위안화 관련 금융상품의 개발이 이어질 것으로 기대된다. 이에, 원화 국제화 방안을 포함하여 한국의 위안화 관련 금융상품이 중국 샨동성 시범지역과 한국측 한 · 중 경제협력 시범지역 모두에서 상호주의 원칙에 따라 활발하게 운용될 수 있는 제도적 기반을 마련하여야만 한다. 또한, 이러한 상호주의 원칙에 입각하여 시범지역 인프라구축 사업에 참여하는 투자개발회사로 하여금 정부 보증을 통한 원화-위안화

---

12) 박정수 외,『한중 FTA 서비스협상의 업종별 대응방안』, 산업연구원, 2014. 3: 121.

채권발행을 허용하여, 양국의 사모투자를 통한 한·중 경제협력 활성화 방안도 함께 구상할 수 있을 것이다.

### 3. 운송·물류

운송 및 물류 서비스 분야는 다른 서비스분야에 비하여 중국이 개방 폭을 가장 넓힌 분야라고 할 수 있으나, 여전히 다양한 제한규정을 두고 있는 실정이다.[13]

운송·물류업 분야에 있어서도 외상투자 산업지도목록 및 관련 규정[14]이 복잡하게 구성되어 있으므로, 각 업종별·지역별·수단별로 관련 법규를 모두 파악할 필요가 있다. 운송·물류업의 경우에는 중국의 넓은 국토에서 각 행정구역 경계를 넘어서 활동하는 것이 일반적이기 때문에 모든 법규를 파악하는데 어려움이 따른다. 따라서, 한·중 경협 시범지역으로 진출을 하는 경우, 개방 폭이 확대되고, 시범지역 내에서의 법규에 따른 기업 설립과 영업을 보장받음으로써 보다 유리한 경영환경을 가지게 된다.

샹하이 자유무역시범지역의 경우 원양화물운송기업의 외자지분 규정을 완화하고, 외국투자자 지분 100%의 국제선박관리기업 설립을 허용하도록 하였다. 따라서, 중국에 설립되는 한·중 경협 시범지역에서도 샹하이자유무역시범지역과 마찬가지로 원양화물운송기업 설립제한을 완화하고, 한국투자자의 독자 국제선박관리기업 설립 허용을 요구하여야 할 것이다.

또한, 운송 서비스와 관련한 상업적 주재(MODE 3) 요건을 완화하여, 한·중 경협시범지역에서의 자유화 수준을 높일 수 있도록 하여야 할

---

13) 이주호 외, 「중·중앙아시아 국제협력을 활용한 중국 서부물류시장 진출전략 수립」, 대외경제정책연구원·한국해양수산개발원, 2013. 12: 330~348.

14) 박정수 외, 앞의 글: 159~161; 이주호 외, 위의 글: 330~348.

것이다.

다만, 이러한 요구는 중국에 설립되는 한·중 경협 시범지역에서 뿐만 아니라, 한국에 설립되는 한·중 경협 시범지역에서도 상호주의에 입각하여 자유화조치를 해야 할 것이다. 서비스업에 종사하는 기업의 유치를 통하여 국내적으로도 고용창출 효과 및 경제부양 효과를 얻을 수 있을 것이며, 양국 간 규제의 벽을 시범적으로 낮춰갈 수 있을 것이다.

## 4. 전자상거래 분야

중국에서는 인터넷기업 등록제도를 시행하고 있으며, 통신분야에 있어서도 허가제를 시행하고 있어서 외국 인터넷 관련 기업이 중국내에서 전자상거래를 하는 것은 상당한 제한을 받고 있다. 이에 대하여 우리나라에서는 인터넷 쇼핑몰 운영에 대한 신뢰도를 높이고, 제도적으로 해외 결제도 쉽게 할 수 있도록 정책적인 노력을 기울여 왔다.[15]

우리나라 인터넷 쇼핑몰에 대한 접근성을 높이기 위한 업계의 노력도 필요할 것이며, 중국어 서비스를 확대하여 해외구매로 인한 소비자 분쟁 해결 절차나 한국 제품의 중국 통관 절차를 상세하게 소개함으로써 중국 소비자들의 신뢰를 공고히 해 나가야 할 것이다.

전자상거래 서비스 분야에서는 외국에 서버를 두거나 외국에서 운영하는 웹싸이트가 중국에서 경영활동을 할 수 없게 만든 인터넷기업 등록제도를 경협 시범지역 내에서 상호주의 원칙에 입각하여 시행하고, 한·중 경제협력 시범지역 내에서 설립되는 인터넷기업과 경협 시범지역 내에 설립된 은행(지점 포함)의 계좌를 통해 이루어지는 결제에 대하여서는 자유로운 전자상거래를 허용하는 방식으로 개방화 수준을 높여가야 할 것이다.

---

15) http://media.daum.net/economic/industry/newsview?newsid=20140822074105382, 2014.

또한, 전자무역과 관련하여서는 2014년 7월에 설치된 광동성 동관 후먼항의 '국경 간 무역 전자상거래 통관 서비스 플랫폼(海尖跨境贸易电子商务服务平台)'을 모델로 한 국경 간 화물 전자상거래 통관체계를 도입할 필요가 있다. 세관총서도 같은 해 7월 23일부터 「국경 간 전자상거래 수출입화물, 제품 관련 감독에 관한 공고」를 통하여 해외구매 대행을 불법화하고, 수출입 통관 절차는 간소화하고 있다. 따라서, 정부차원의 협력을 바탕으로 지리적으로 가장 인접한 지역을 상호호혜적으로 시범지역으로 설정하여 이러한 국경 간 전자무역 시스템의 구축을 시행할 수 있을 것이다.

KOTRA 칭다오 무역관에서는 중국의 전자상거래 정책을 최대한 활용하기 위하여 온라인 입점과 중국내 플랫폼 구축 사업을 지원하고, 한국에서 중국으로 수출하는 물품에 대하여 한·중 물류기업으로 구성한 물류지원센터를 통하여 '해상운송을 활용한 간이통관' 지원하기 위한 계획을 세우고 있다.

〈표 1〉 KOTRA 칭다오 무역관의 전자상거래 지원 방안

|  | 온라인 입점지원<br>(아마존차이나 한국관) | 중국 내 플랫폼 신규구축<br>(Q10 프리미엄한류관) | 간이통관 활용<br>(칭다오 온라인물류센터) |
|---|---|---|---|
| 시스템 | • CtoC중심<br>• 한류상품관이 주류(X) | • C2C(B2C) 혼합형<br>• 타국의 사업진행모델 보유 | • 기존 쇼핑몰 시스템을 그대로 활용 |
| 성장성 | • 강력한 마케팅 추진<br>• 한국제품 성장한계 | • 中정부정책과 연계성장<br>• 새로운 사업모델 | • 대형쇼핑몰 성장과 같이 성장 |
| 장점 | • 고객확보 용이<br>• 개별 마케팅 불요 | • 통관간소화<br>• 일정기간 인증 간소화 | • 통관 및 인증 간소화<br>• 항공운송대비 비용절감 |
| 단점 | • 별도의 판촉행사 필요<br>• 한국제품은 비주류 | • 거대 쇼핑몰과 경쟁 필요<br>• 항공운송에만 가능(고비용) | • 수출확대사업에 대형쇼핑몰의 협력이 절대적 |

*자료 : 칭다오무역관, 「전자상거래 현황 및 문제점」(2014.7.2) 자료 인용.

## 5. 관광·휴양

우리나라는 3면이 바다에 둘러싸여 있으며, 자연경관이 수려하고, 해양자원이 풍부한 편이므로 해안도시를 거점으로 하여 중국과 해양교통으로 연결이 가능하다. 또한, 문화산업 분야에 있어서도 한류에 힘입어 유리한 위치를 차지하고 있다. 중국의 경우에도 경제발전 수준이 높은 연안도시를 중심으로 해양경제구가 형성되어 해양자원을 이용한 관광산업 육성 방안을 수립하고 있다.

산동 반도 남색 경제구의 경우에도 우리나라와 지리적으로 인접하여 있어서, 크루즈 여행이나 해안도시 관광 등에 있어서 상당히 유리한 면이 있다.

한편, 중국은 2013년 10월부터 「여유법(旅游法)」을 시행하여 오고 있으며, 저가단체관광에 일정한 규제를 가하는 내용의 규정으로 인하여, 한국 관광산업 구조에 변화가 예측되기도 하였다. 이에 우리나라 관광업계에서는 한·중 간 Inbound 시장과 outbound 시장에 있어서의 정책상의 문제점을 해결하고 효과적인 대응방안을 수립하기 위하여 노력을 기울인 바 있다. 이는 한·중 간 경제협력에 있어서 양국의 국내법이 상대국의 경제산업구조에 영향을 미칠 수 있으며, 양국의 건전한 산업발전을 위한 정부 간 협력이 필요함을 보여주는 좋은 예라고 할 것이다. 복합휴양, 여행(크루즈여행 포함), 공연, 오락, 컨벤션, 영화, 쇼핑 등의 분야에 있어서는 양국간 교류가 빠르게 증가하고 있으므로 시범지역 내에서의 해당 분야 기업의 상업적 주재에 대한 지분제한 완화와 비자면제 등 다양한 법·제도적 지원 방안을 상호호혜적으로 수립하여 가야 할 것이다.

부산광역시는 「2014년 부산관광진흥계획」에서 해양환경을 적극 이용한 국제크루즈 유치 확대 방안과 해양관광 활성화 방안을 마련한 바 있으며, 인천도 관문도시로서의 장점을 발휘하여 크루즈 관광 등을 연계

하고, 대 중국 특화 관광레져산업을 육성을 위한 방안을 수립 중이다.[16]

## 6. 인력 이동

중국-뉴질랜드 FTA는 중국이 다른 나라와 체결한 FTA 중에서 인력이동 개방수준이 높은 것으로 평가할 수 있는데, 한의사/간호사, 중식요리사, 중국어강사, 중국무술사범, 관광가이드에 대하여서는 한시적인 고용입국을 허용하고 있다. 이는 뉴질랜드의 이민정책과 연동하여 이루어진 양허안으로서 출입국관리제도에서도 비자 발급 우대 조항에 포함된다. 한·중 FTA 제13차 협상에서도 이러한 '자연인의 이동'을 독립된 챕터로 설치하기로 합의한 바, 양국 간의 인력 이동 및 이민정책과 관련된 부분에 대하여 실험적 운용이 필요하다.

따라서, 한·중 경제협력 시범지역 내에서는 상업적 주재나 전문고급인력·기술인력의 이동에 대한 자유화 조치와 함께 노무인력에 대한 자유화 수준을 높임으로써, 향후 FTA 서비스 분야에서의 인력이동에 대비한 실험적 조치 시행해 볼 수 있을 것이다. 예를 들어, 새만금 한중경협단지의 경우에는 관련 법률에 따라 고용·노동에 관한 국내법적 규제보다 완화된 조건의 인력을 사용할 수 있도록 함으로써 시범지역 내 기업들의 노동원가를 낮출 수 있을 것이다. 다만, 이러한 조치를 위하여서는 법무부와 고용노동부의 협조가 필요할 것으로 보인다. 새만금의 경우 글로벌경제특구 기획 단계에서부터 물리적인 접경 지역을 설정하여, 별도의 출입국관리를 실시한다면 높은 개방 수준의 인력 이동을 시범적으로 활용할 수 있을 것이며, 새만금 지역 내의 인력 수급에도 상당한 기여를 할 수 있게 된다.

---

16) 김수한, 「인천의 대중국 교류 현황과 과제」, 『INChinaBrief』 vol.274, 인천발전연구원, 2014. 9. 15: 18~20.

## 7. 규범 분야

한·중 경협 시범지역 내에서는 투명성·지식재산권·위생허가·기술표준·경쟁·통관 등 다양한 비관세무역장벽에 대한 시범적이고 자유화 수준이 높은 개방조치를 시행하도록 하며, 시범지역 내 투자자-투자자 간 내지 정부-투자자 간 분쟁해결에 대한 별도의 절차를 마련함으로써 양국 정부의 협력과 정책 지원을 통한 경제협력을 강화해 갈 수 있을 것이다. 한·중 FTA에서도 이러한 규범 분야에 대한 내용이 포함되지만, 시범지역 내에서는 한층 높은 수준의 한·중 협력을 시도할 수 있다. 한·중FTA체결에 따라 발생하는 양국간 분쟁과 시범지역 내의 분쟁해결을 위하여 '(가칭) 한·중 경제협력위원회'[17]를 설립하고, 시범지역 내에서는 한·중 경제협력 강화를 목표로 한국과 중국 간 발생한 분쟁을 협상 및 동 위원회의 조정을 통해서만 해결하도록 하는 방법이 그것이다.

중국과 대만 간 체결된 ECFA와 후속협정에서도 이러한 방식을 취하고 있는 바, 이를 참고할 수 있겠다. 즉, 투자자 간 분쟁해결은 계약 시에 그 해결 방법을 정하도록 하고, 중재에 의하여 분쟁을 해결하도록 하고 있다. 또한, 투자자-정부 간 분쟁에 대하여서는 ⅰ) 분쟁발생 당사자 간 협상을 통한 우호적 해결, ⅱ) 투자소재지 또는 그 상급 기관의 조정, ⅲ) 한·중 경제협력위원회 투자업무팀의 조정, ⅳ) 전문 한·중 투자분쟁해결기관의 조정(반기별로 분쟁처리상황을 한·중 경제협력위원회 투자업무팀(兩岸經濟合作委員會 投資工作小組)에 보고), ⅴ) 투자소재지 행정심판 또는 사법절차에 따라 해결할 수 있도록 하는 방안을 고려할 수 있겠다.

---

17) 한·중 경제협력위원회는 이러한 분쟁해결 기능 외에 한·중 경협 시범지역 내의 정책 수립과 운용에 대한 정책협의체로서의 기능도 수행하는 형태로 운영하도록 한다.

## V. 결어

글로벌 통상환경에서는 국제조약과 우리나라 국내 법제간 정합성을 확보해가는 것이 중요한데, 중국의 경우에는 복잡다단한 시범지역 분포와 각 지역별 규정의 내용과 범위가 달라 지역에 따라서 규제차익이 발생할 가능성이 있다. 시범지역 운용의 목적 자체가 특수한 지역에 일정한 면적범위와 설립목적을 가지고 지역 외부의 정책과 규제와 다른 수준의 자유화 조치를 이루는데 있다면, 최소한 시범지역 간 명칭이나 규모, 상위규범의 통일은 꼭 필요한 부분이다. 한·중 간 개방·규제 격차 최소화와 규정 간 조화를 이룰 수 있도록 중국 측에 이러한 법적 투명성 부분을 강조하고, 한·중 FTA 추가협상에 이를 명문의 내용으로 규정화할 필요가 있다.

그리고, 한·중 경협 시범지역의 운용을 한·중 FTA의 효율성 제고 측면에서 본다면, FTA 협정문에서도 한·중 경협 시범지역의 선정과 정부 간 협력, 시범지역 내 분쟁 발생시 해결 방안 등, 선언적 규정을 넘어서는 실질적 이행가능성 확보를 위한 구체적인 규정이 도입되어야 한다. 즉, 추가협상을 통하여 한·중 FTA 협정문에 "한·중 경협 지역" 설정·운용에 관한 챕터나 규정을 포함하도록 협력의제화 할 필요가 있다.

◆참고문헌◆

김명아 외, 2014.12,『한·중 경협 강화를 위한 중국의 경제특구성 시범지역 현황과 관련 법제에 관한 연구』, 대외경제정책연구원.

김수한 외, 2014.9.1,「인천의 대중국 교류 현황과 과제」,『INChinaBrief』 vol.274, 인천발전연구원.

김명아, 2014.7.25,「한·중 경제협력 시범지역과 FTA」,『CSF 중국전문가포럼 - 전문가칼럼』.

칭다오무역관, 2014.7.2,『전자상거래 현황 및 문제점』, KOTRA.

이병국, 2014.6.23,「새만금 한·중경제협력단지 구상」,『새만금과 한·중 경제협력』「새만금 한·중 경협단지」성공적 추진을 위한 한·중 국제세미나 자료집, 새만금개발청.

한재진, 2014.6.23, "한·중 새만금 경협의 경쟁력과 성공적 추진방안", 새만금 한·중경협단지 성공적 추진을 위한 한·중 국제세미나 자료집.

박정수 외,「한중 FTA 서비스협상의 업종별 대응방안」, 산업연구원, 2014. 3.

이주호 외,「중·중앙아시아 국제협력을 활용한 중국 서부물류시장 진출전략 수립」, 대외경제정책연구원·한국해양수산개발원, 2013. 12.

김윤정,「창조경제 구축을 위한 융합촉진 법제 및 규제 선진화 방안」,『창조경제 새로운 아이디어 새로운 시장』, 경제인문사회연구회, 2013. 5.

# 제8장

# 중국의 해외직접투자 동향과 대한투자 활성화

김미희

## I. 들어가는 글

2000년 이후 폭발적인 외환보유고의 증가와 일부 산업의 과잉생산이 중국경제의 문제로 대두되면서 중국정부는 적극적인 외자유치정책에서 선별적인 외자유치와 적극적인 해외투자 장려정책으로 전환하였다.[1] 그 결과 2002년 27억 달러에 불과하던 해외직접투자액(ODI Flow)이 2013년 1078.4억 달러[2]로 비약적으로 증가하였고, 현재는 세계 3대 해외직접투자국으로 부상하면서 중국의 위상은 더욱 높아지고 있다.

이와 달리, 중국의 對韓투자는 제주도의 일부 부동산 투자를 제외하고는 뚜렷한 발전이 없는 상황이다. 그동안 우리나라는 중국기업의 투자유치에 대한 중요성과 당위성을 인식하고, 정부차원에서 대책을 마련하는 등 다양한 조치를 취하고 있지만 여전히 만족할 만한 성과를 보이

---

[1] 중국정부는 12·5계획(2011년~2015년)의 해외직접투자 목표치를 연 평균 35% 증가로 상정하였음.

[2] 「2013年度中国对外直接投资统计公报」, 중국상무부·중국국가통계국·중국외환관리국 공동발표, 2014.9.9.

지 못하고 있다. 소위 쌍용자동차 '먹튀' 등으로 인해 조성된 중국자본에 대한 부정적인 국민정서와 중국기업에 대한 정보부족이 중국의 대한투자를 이끌어내는데 장애가 되고 있는 것이다.

이러한 어려움에도 불구하고, 2014년 7월 중국 시진핑 국가주석의 방한 당시 한중 양국정상은 한중경제협력구상인 새만금 한중경협단지 조성에 대하여 공동관심을 표명하여 양국 간 주요 의제로 다뤄지고 있으며 한국과 중국이 한중FTA의 실질적 타결을 선언함으로써 향후 중국의 대한투자는 더욱 확대될 것으로 기대되고 있다.


## II. 중국의 해외직접투자 정책 및 현황

### 1. 최근 중국의 해외직접투자 정책

중국은 기존의 투자유치 중심정책에서 벗어나 외국인 직접투자와 중국기업의 해외직접투자를 모두 중시하는 쌍방향적인 패러다임으로 전환하고 있다. 2002년 10·5계획 기간 중 대외진출전략을 국가공식 시책으로 채택한데 이어 11·5, 12·5 계획을 거치면서 해외직접투자액을 지속적으로 상향조정하고 있다. 2009년 〈對外投資管理辦法〉를 제정하여 기업의 해외진출을 장려하는 법적 근거를 마련하였으며, 이를 더욱 촉진하기 위하여 관련 법률의 정비, 해외투자프로젝트에 대한 비준절차의 간소화, 세무·신용대출·외환·보험 등 정책적·법적제도를 수정·보완해 오고 있다.

최근 발표된 〈對外投資管理辦法〉('14년) 개정안은 중국기업의 해외투자를 더욱 촉진하기 위한 조치이다. 구체적으로 살펴보면, 기존의 허가제에서 신고제로 전환하여 정부관계 부서에 등록하고 소정의 절차를 거치기만 하면 해외투자가 가능하도록 하였다. 또한, 1억 달러 이상 투자

기업들은 반드시 상무부에 신고하고 허가를 득해야 하던 기존의 규정을 완화하여 투자규모에 관계없이 국영기업일 경우 해당 지역 성급 지방정부에 등록만 하면 소정의 절차를 거쳐 30일 이내에 비준을 해주도록 절차를 대폭 간소화 하였다. 특히 투자규모와 기업의 형태에 관계없이 지방기업은 성급 지방정부에 비준을 신청할 수 있게 함으로써 지방기업의 행정수속에 들어가는 수고를 절감하여 기업의 편리성을 제고토록 하였다.

〈표 1〉 〈해외투자관리방법〉 기존안과 개정안 비교

|  | 기존안(2009년) | 개정안(2014년) |
|---|---|---|
| 비준형식 | - 허가제 | - 등록제 |
| 비준기관 | - 1억 달러 이상: 상무부<br>- 1,000만 달러-1억 달러: 성급 지방정부 | - 중앙기업: 상무부<br>- 지방기업: 성급 지방정부 |
| 수속기간 | - 중앙기업: 25일 이내<br>- 지방기업: 35일 이내 | - 중앙기업: 20일 이내<br>- 지방기업: 30일 이내 |

*2009년, 2014년 상무부령 〈境外投資管理辦法〉을 토대로 재구성함

이와는 별개로, 중국 상무부는 '對外經濟貿易合作區'를 지정, 추진하고 있다. 이는 소주싱가폴공업원구 등 중국 내 추진되었던 경제특구의 성공적인 개발경험을 바탕으로 해외에 '경제무역합작구' 설립·운영 하는 제도이다. 현재 15개 국가 19개 對外經濟貿易合作區가 비준되어 추진 중이며 향후 50개까지 확대할 방침이다. '경제무역합작구' 제도는 중국내 과잉생산해소와 반덤핑무역마찰을 회피하고 중국기업의 글로벌경쟁력 제고를 목적으로 중국과 경제발전 수준이 비슷한 국가를 중심으로 설치, 운영되고 있다. 최근에는 선진국으로 진출도 모색되고 있는데, 현재까지는 에너지·자원·건축·농업·경공업·제련·전자 등에 대한 투

자가 주를 이루고 있다. 투자규모는 최소 1억 달러 이상으로 추정되고 있으며 프로젝트마다 투자규모의 편차가 큰 편이다. 해외경제무역합작구(對外經濟貿易合作區)는 앵커기업을 중심으로 20~30여 개의 중소기업이 동반 진출하는 형태로 추진되고 있는데, 중국정부는 앵커기업에 대하여 2~3억 위안의 자금지원과 최대 20억 위안의 중장기 저리대출 지원해주는 등 다양한 혜택을 부여하고 있다.

〈그림 1〉〈중국해외경제무역합작구〉 추진도

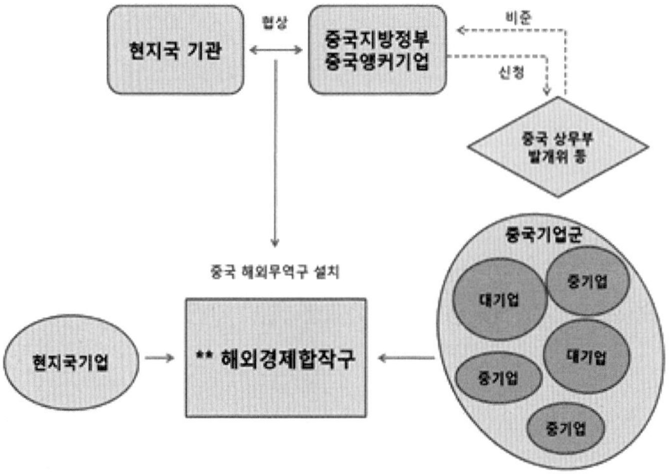

2. 중국의 對세계 직접투자 현황 및 특징

중국의 해외직접투자액은 2002년 해외직접투자 장려책인 저우추취(走出去)전략이 수립되면서 본격적인 증가세를 보이고 있다.

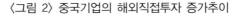

<그림 2> 중국기업의 해외직접투자 증가추이

(단위: 억 달러)

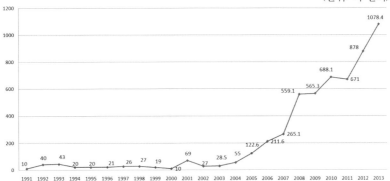

\* 자료 : 역대中國對外直接投資統計公報자료를 재정리함, 中國商務部.

1991년에는 10억 달러에 불과하던 중국의 해외직접투자액이 2002년부터 연평균 39.8%씩 성장하여 2013년에는 1078.4억 달러로 급증하고 있다.

중국기업의 주요한 해외직접투자 목적으로 선진기술과 글로벌 브랜드화보, 새로운 시장확보, 통상마찰 최소화와 무역장벽회피로 보고 있는데, 이는 일반적인 해외직접투자 이론에 부합한 양태를 보이고 있다. 하지만, 안정적인 에너지공급원 확보, 과도한 외환보유고 해소와 위안화 평가절상 압력완화, 중국의 국제적 이미지와 정치·경제적 영향력제고 등 여타 국가와 달리 정치·외교적 차원의 목적도 다분히 내포되어 있는 것으로 알려지고 있다. 이런 이유로 중국의 해외직접투자는 국유기업을 중심으로 이루어진다는 인식이 지배적이었던 것이 사실이다. 최근 민영기업이 해외직접투자가 급증하고 있지만, 자원개발 등 비교적 규모가 큰 기간산업에 대한 투자는 여전히 국유기업이 주도하고 있는 상황이다.

한편, 중국기업의 해외직접투자 산업을 살펴보면, 2차산업의 비중이 비교적 낮은 편이고 3차산업에 대한 투자비중이 높은 편이다. 주로 임대 및 상업서비스, 금융업, 채광업, 도소매업, 제조업 순으로 전체 중국의 해외직접투자액의 83%를 차지하고 있다.

또한 중국기업은 M&A방식을 선호하고 있는 것으로 나타나고 있다. 최근 동향에 따르면 100% 인수합병보다는 부분적 M&A, 합작투자가 확대되고 있으며 고급기술을 보유한 선진국 기업과 합작투자를 통해 제3국 시장에 진출하는 사례가 증가하는 추세이다. 이러한 배경에는 중국의 대외 개방역사가 짧고 기업의 글로벌 경쟁력이 미흡하며, 현지에 대한 투자정보가 비교적 어둡기 때문에 리스크를 줄이면서 단기간에 소기의 목적을 달성할 수 있다는 장점이 있기 때문이다. 이런 이유에서 기술·지식·조직 등 자산을 조기에 획득할 수 있는 M&A투자를 선호하는 것이다. 반면 그린필드 투자에는 비교적 소극적인 편인데, 바로 투자리스크가 상대적으로 크기 때문이다. 이러한 불균형을 완화하기 위하여 중국 상무부는 '해외경제무역합작구' 전략을 병행하여 그린필드 투자를 통한 개별 기업의 해외진출에 따른 리스크를 최소화하면서 기업의 글로벌경쟁력을 강화토록 하고 있다.

## III. 중국의 對韓직접투자 정책 및 투자현황

### 1. 중국의 對韓직접투자 정책 및 동향

중국정부는 비효율적인 해외직접투자를 방지하고 투자의 리스크를 최소화하고 효과적인 해외직접투자 추진을 위하여, 투자대상 국가별로 직접투자와 관련된 전반적인 정보 등 투자지침을 제시하고 있다. 2009년과 2011년 두 차례에 걸쳐 발간된 〈국가별 해외직접투자지남(한국)〉

에 따르면, 한국은 시장 잠재수요가 높고 외자도입을 위한 각종 우대정책을 실시하고 있는 안정적인 경제발전 국가로 소개하고 있다. 또한 한국은 지리적 접근성이 뛰어나며 교통운수가 편리하고 통신시설 및 수준이 높은 경쟁력이 있는 국가로 평가하고 있다.

과거, 중국은 한국에 대하여 시장규모가 작고 기존 시장이 포화상태라고 판단하여 자국기업의 한국진출에 대해 부정적인 견해를 보였다. 특히 중국기업이 한국에서 제조업에 대한 투자를 할 경우, 대다수의 원자재를 수입에 의존해야하는 한국의 생산여건과 높은 인건비는 원가상승을 야기하고 치열한 시장경쟁을 뚫고 중국기업이 한국에 연착륙하기 어렵다는 판단에 對韓투자에 소극적이었다. 하지만, 최근 들어 한중 양국 간 FTA 타결 등 새로운 모멘텀이 구축되면서 일부 업종에 대하여 對韓직접투자의 가능성에 대하여 긍정적인 입장으로 전환하고 있는 추세이다. 한국은 미국, EU 등 다수의 국가와 자유무역협정을 체결하고 있기 때문에 한국을 통한 무관세 등의 혜택을 활용하면 시장확대 효과를 거둘 수 있다고 판단에서 태도의 변화를 보이고 있는 것이다. 한편, 중국기업이 대한 투자에 대하여 소극적인 태도를 보이는 이유 중 하나는 한국의 정치환경, 법률제도, 문화 및 경영방식 등에 대한 정보습득이 용이하지 않기 때문이며 특히, 한국의 강성노조와 한국인의 일부 배타적 국민정서는 對韓투자에 큰 걸림돌로 작용하고 있다. 따라서, 현지의 경영환경, 문화, 소비관습에 보다 조기에 적응하기 위하여 투자기업의 고위경영자를 현지인으로 구성할 것을 적극 권장하고 있다.

對韓 투자업종을 살펴보면, 중국의 기술적인 공백을 채울 수 있는 분야에 대한 투자를 권장하고 있다. 특히 한국의 기술과 연구개발능력이 높다고 판단하여 한국 현지에 R&D센터 설립 등을 장려하고 있는 것으로 알려지고 있다. 이를 통하여 한국에 진출한 중국기업은 한국정부의 정책지원 혜택을 누리는 동시에 연구개발능력 과 기술혁신을 동시에 얻을 수 있기 때문이다.

중국 상무부는 자국기업의 중복투자 및 국내기업 간의 과당경쟁을 방지하고 해외투자대상국의 투자환경에 적합한 투자를 할 수 있도록 《해외투자국별 산업지도 목록》을 발표하여 국가별 해외직접투자 대상 업종을 지원하고 있다. 2004년에 발표한 《해외투자국별 산업지도 목록》 對韓투자장려 업종을 보면, 자동차 등 교통운수설비 · 화공원료 · 통신설 비 · 기타 전자설비 등의 제조업과 무역 · 소매업 · R&D · 건축서비스 · 교 통운수서비스 등의 서비스업을 제시하고 있으며, 2011년에 발표한 국가 별 해외직접투자지침에는 반도체, 모니터산업, 자동차부품산업, 정보통 신산업, 의학산업, 일반기계산업, 부품/원자재 산업, 항공산업, 관광레저 산업, 정밀화학산업, 물류산업 등을 권장하고 있다.

〈표 2〉 중국의 對韓투자 권장업종

| 구분 | 對韓투자 장려 업종 |
|---|---|
| 《해외투자국별 산업지도목록》 (2004) | • 제조업: 자동차 등 교통운수설비, 화공원료, 통신설비, 기타 전자설비<br>• 서비스업: 무역, 소매업, R&D, 건축서비스, 교통운수서비스 등 |
| 국가별 해외직접투자지침 (2011) | • 반도체, 모니터산업, 자동차부품산업, 정보통신산업, 의학산업, 일반 기계산업,부품/원자재 산업, 항공산업, 관광레저산업, 정밀화학산업, 물류산업 |

그 외 최근 한류열풍에 힘입어 문화콘텐츠, 패션, 화장품, 고부가식품 산업 등이 관심을 받고 있다. 특히 2014년 7월 시진핑 주석 방한 시 제 안한 신에너지, 신소재, 전자통신, 기능설비제조, 환경 등 한중 간 산업 협력이 가능한 분야도 주목 받고 있다.

중국의 지역별 對韓직접투자현황을 살펴보면 각 지역마다 불균형 현 상이 두드러지는 특징을 보이고 있다. 동부연안지역이 내륙 또는 서부 지역에 비하여 월등히 높은 비율로 對韓투자를 하고 있다.[3]

---

3) 中国境外投资企业(机构)名录, 중국 상무부, 2011.

중국 동부연안의 경제권역은 북경·천진·하북성과 동북3성으로 대표되는 환발해경제권, 상해·강소성·절강성으로 이루어진 장강삼각주경제권, 광동성·심천·주해로 대표되는 주강삼각주 경제권 등 3개로 나누는데 그중 對韓투자 실적이 가장 높은 지역은 환발해지역으로 전체 對韓투자기업의 60%를 차지하고 있다. 우리나라 기업의 투자규모가 가장 큰 장강삼각주지역은 27%

이고 주강삼각주 지역의 기업이 2.3%의 비중을 보이고 있다. 이는 한국과 역사적·지리적으로 긴밀한 지역이 대한투자에 더욱 적극적임을 반증하는 것이다.

## 2. 중국의 對韓직접투자 현황

중국의 해외직접투자는 꾸준히 증가하고 있지만, 대한국 직접투자는 그리 낙관적인 상황이 아니다. 최근 3년간의 동향을 보면, 중국의 대한 직접투자 신고액은 2011년 6.51억 달러, 2012년 7.27억 달러, 2013년 4.81억 달러로 증감을 보이고 있으며 지난 3년 동안 신고건수 역시 405건, 512건, 402건으로 등락을 반복하고 있다[4]. 2013년 중국의 한국에 대한직접투자 비중은 전체 해외 직접투자액 1078.4억 달러의 0.45%정도에 불과한 수준이다. 최근 제주도를 중심으로 부동산 및 지역개발 등에 대한

---

4) 산업통상자원부, 2014.1. 「2013년 외국인직접투자 동향」.

직접투자가 점차 증가하고 있으나 중국의 주요한 대한투자 업종은 여전히 요식업, 개인규모의 무역업, 부동산임대업 등 저부가가치 업종이 주종을 이루고 있다.

〈그림 3〉 중국기업의 對韓직접투자 변화추이

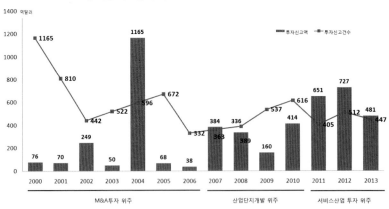

중국의 對韓투자는 일정한 패턴 없이 등락을 반복하고 있는데, 투자 건수는 2000년 최고조를 이룬 이후 하향곡선을 그리다가 최근 다시 상승세를 보였지만 2013년 다시 감소추세로 돌아서고 있다. 투자 규모 역시 2004년 일시적인 급증을 보였으나 등락을 반복하고 있는 것으로 나타난다. 2004년 우리나라에 대한 중국의 직접투자규모가 갑자기 높아진 것은 잘 알려진 대로 상하이자동차의 쌍용자동차M&A, 중국석유화공공사의 인천정유M&A가 추진되었고 2007년 한중미래도시에 대한 중국의 투자 결정이 있었기 때문이었다. 그러나 2000년 대 중국의 대형투자들이 잇달아 실패를 거두었고, 최근 제주도 부동산개발과 중국기업의 대한 투자에 대한 부정적 국민정서가 보편화되면서 한중 양국 간의 직접투자는 그리 낙관할 수 없는 상황이라 볼 수 있다.

## 3. 중국기업의 對韓직접투자 유형과 대응

중국기업이 對韓직접투자를 추진하는 가장 보편적인 동기는 선진기술습득이다. 이는 중국정부의 해외직접투자지침에 근거한 것으로 대한투자의 대표적인 유형으로써 초기에는M&A 방식으로 주로 추진되다가 최근에는 부분적 지분투자의 형태로 전환되고 있는 추세이다.

선진기술 습득은 중국기업이 상대국 내 자사의 시장경쟁력을 높일 뿐만 아니라 자국의 기술수준을 높임으로써 글로벌 경쟁력을 강화하여 향후 동 산업에서 우위를 점하기 위한 목적으로 추진된다고 볼 수 있다.

대표적인 예로써 징동팡의 하이닉스 인수, 상하이자동차의 쌍용자동차 인수, 상하이성따의 액토즈소프트 인수, 입중그룹의 에코알룩스 투자 등 자동차, LCD, IT에 집중되고 있다.

이와 더불어, 중국은 최근 한국이 체결한 외국과의 FTA네트워크를 활용하여 관세감면을 통한 수출원가절감 및 비관세장벽회피를 위한 목적으로 한국을 활용할 것으로 전망된다. 더욱이 '14.11월 양국 정상간 한-중FTA 실질적 타결이 선언되면서 중국은 한국의 52개국에 달하는 FTA네트워크를 활용한 대

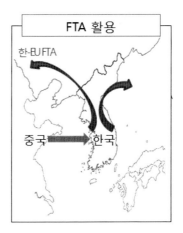

한투자를 더욱 확대될 것으로 기대하고 있다. 특히, 중국이 농산품, 철강, 전자제품, 방직업, 의류, 신발 등이 반덤핑 조사목록에 포함되면서

대외수출에 비상이 걸린 상황이기 때문에 무역장벽을 피하고 선진국에 대한 수출을 증대하기 위하여 對韓투자를 적극 활용할 것으로 예상되고 있다. 실제로 CNPV, Giga Solar, Juli 등 태양전지 제조업체와 화청HCT&P 등 중국기업이 한국에 제조공장을 신설하고 있는 것은 한국시장을 개척하는 동시에 무관세혜택을 누리며 해외로 시장을 확장할 계획을 하기 위한 것으로 알려지고 있다.

이상과 같이, 중국이 12·5계획 중 해외직접투자를 연 평균 35%로 상향조정하고, 〈對外投資管理辦法〉을 개정하여 기업의 해외직접투자를 더욱 권장하는 것을 통하여 우리는 중국기업이 향후 지속적으로 해외진출을 강화할 것이며 이를 더욱 가속화할 것으로 예측할 수 있다. 더욱이 현재 지속되고 있는 위안화 평가절상 추세는 중국기업들의 해외직접투자에 소요되는 비용을 절감하고, 강한 위안화는 중국 기업이 더욱 적극적인 해외직접투자를 견인할 동인이 될 것으로 보고 있다. 특히, 한-중FTA의 실질적 타결로 인해 한-미 FTA와 한-EU FTA가 효력이 발생되는 한국의 외부환경은 중국이 미국과 EU 등 양대 거대 시장에 진입하기 위한 교두보로서의 매력을 충분히 발휘할 수 있을 것으로 보인다.

〈그림 4〉 對중국투자유치의 선순환구조

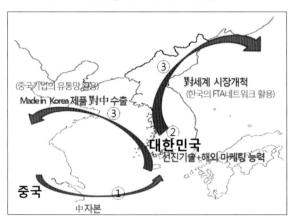

## 4. 對韓투자 활성화 추진 사례 및 제언 : 새만금 한중경협단지

투자유치는 민간영역의 성격이 강하지만, 중국은 여타 국가와 달리 정부의 사회·경제적 역할이 매우 큰 편이기 때문에 중국을 상대로는 한 투자유치는 정부차원의 접근과 기업차원의 쌍방향적인 접근이 필요하다. 그 대표적인 예가 중국과 싱가포르가 공동 추진했던 중싱공업원구 사례로 양국의 부총리 주관으로 연합이사회를 조직하고 지역시장을 대표로 한 쌍무위원회가 정책적 지원을 하고 쌍무위원회 산하 소주중싱공업원구 관리위원회와 개발공사를 설립하여 공동개발을 추진한 국제경협사업이다.

이와 유사한 맥락의 사업이 최근 한국 새만금에서 추진되고 있다. 바로 『새만금 한·중 경협단지』 조성 사업이다. '13년 말 한·중 경제장관회의에서 그 필요성이 제기되었던 사업으로 '14년 7월 한·중 정상회담에서 양국 정상이 『새만금 한·중 경협단지』 조성에 공통관심을 표명한 후 새만금한중경협단지 조성사업은 한·중 간의 주요 협력 아젠다로 부상하고 있다. 그 후속조치로 전경련·코트라 등 국내 주요 경제관계 기관들은 『새만금 한·중 경협단지』 지원협약을 맺고 한중경협단지의 전폭적인 지원을 약속하였으며, 중앙정부차원에서 중국의 관계기관과 긴밀한 협의를 추진하고 있다. 『새만금 한·중 경협단지』 조성사업은 향후 본격적으로 정부차원의 국가 아젠다로 다루어질 전망이며 이를 통하여 다양한 분야에서 경제협력이 이루어질 것으로 예상되고 있다.

이의 성공적인 추진을 위하여 국내 관계 부처 및 해당 기관의 긴밀한 협력체계구축이 필요할 것으로 본다. 기획재정부, 산업통상부, 법무부 등 관계 부처와 새만금개발을 담당하는 주무부처인 새만금개발청, 전라북도 및 해당 기초자치단체의 긴밀한 협력이 중요하다. 아울러, 국가발전개혁위원회, 상무부, 지방성정부 등 중국 관계기관과의 정부차원의 긴밀한 협의가 이루어져야 할 것이다.

### ◆『새만금 한·중 경협단지』조성 구상(안)

□ **의의** : 한·중이 공동으로 단지를 개발하고 도시를 조성하는 개방형 경제특구
ㅇ양국 자본, 기술력 등의 결합을 통해 win-win할 수 있는 경제환경 조성

□ **추진방식** : 양국 기업 간 합작
법인 등을 통해 공유수면 매립
부터 분양까지 시행
ㅇ대상입지 : 국제협력용지, 관
광레저용지 남측, 산업연구용지
ㅇ3~5㎢ 가량 선도지구 개발 후
단계적으로 확대
ㅇ**새만금 기본계획**(MP), 한·중
**협력관계** 등을 고려해 도입
업종 검토

□ **유치전략** : 한국의 광범위한 FTA네트워크환경을 배경으로 새만금을 **세계
시장 진출 전초 기지로 활용**하기 위한 다국적 기업들의 경협단지 입주 추진

| 한중<br>공동개발 | 글로벌기업 유치<br>(한중 기업 포함) | 연관기업 입주 | 글로벌 시장 진출 |
|---|---|---|---|
| · 양국 공동<br>단지조성 | · 중국기업과 연계 통해<br>중국 등 아시아 진출 | · 부품기업/마케팅,<br>R&D 등 지원기능 | · 미국, EU 등<br>선진국<br>· 인도, 아프리카 |

ㅇ중국기업 : 양국 협력·한류효과·정부 해외진출 권장 부문기업 유치,
"Made in Korea" 브랜드가치 극대화 가능 품목 집중 공략

ㅇ국내기업 : 중국수출 희망 기업, 중국으로부터의 국내 유턴기업 등 중국
시장 진출 전진기지 구축을 계획중인 기업 유치
⇒ 통관 간소화, 원스톱지원체계 및 R&D센터 구축 등 맞춤형 인센티브 지원

□ **추진계획** : 한·중 정부 간 협력체계 구축 → 사업공동연구 및 구상
→ 사업시행자 지정 → 개발 및 실시계획 수립 → 사업착수

*자료원 : 새만금개발청

이와 동시에, 한국 측은 중국 잠재투자기업에 투자유치를 위한 충분한 정보를 제공하여 중국기업의 새만금에 대한 관심과 투자를 촉진토록 해야 할 것이다. 앞서 언급했듯이, 중국기업이 對韓직접투자에 소극적인 이유는 한국의 정치환경, 법률제도, 문화 및 경영방식 등 현지 사정에 대한 정보부족이 큰 이유를 차지하고 있기 때문이다. 따라서 한국 측은 국내 현황, 기업문화, 법률, 제도, 생활정보, 새만금의 투자환경 등 상세한 투자정보를 중국기업에 제공하여 판단의 근거로 삼게 하고 투자를 유도해야 한다. 아울러 중국 기업의 對韓투자 애로사항의 해결을 위한 적극적인 제도개선에 노력해야 할 것이다. 중국기업이 한국진출에 있어 가장 큰 요구사항으로 꼽고 있는 자국 인력의 활용, 내국인대우, 출입국 절차 간소화 등을 한중경협단지 내에서는 탄력적으로 운용할 수 있도록 방안을 강구하여야 할 것이다. 이와 함께, 입주한 중국기업을 비롯한 관련 기업들에 대하여 국공유 재산의 임대조건 및 임대료 감면 등 각종 지원제도를 확대하고 규제의 최소화, 행정서비스 질적 제고, 사회간접자본시설의 확충, 기업활동에 대한 종합적인 지원 등을 통해 매력적인 입지조건을 조성하여 한국, 더 나아가 새만금 한중경협단지의 직접투자환경을 개선해야 할 것이다.


## IV. 나가는 글

중국은 12·5 계획기간 동안 적극적인 해외진출을 추진할 것으로 전망되고 있다. 2013년 해외직접투자 규모가 1,000억 달러를 돌파하고, 〈해외투자관리방법〉을 개정하여 해외투자에 대한 절차를 대폭 간소화하고 기업의 해외진출의 편리성을 제고하는 등 해외직접투자에 매우 전향적인 자세이다. 중국은 이미 세계 제3대 직접투자 국가로 성장하였고 우리나라와 불가분의 상호협력관계에 있다. 특히, 새만금지역은 개발의 초기단계로서 투자유치가 필요한 상황이며 지근거리에 위치한 중국은 주요한 투자유치의 대상국일 수밖에 없다. 중국의 부상은 우리에게 기회와 위협으로 동시에 다가오고 있다. 이러한 상황에서 우리는 중국의 자본, 한국의 기술과 제도 등을 적절히 운용한 현명한 대응이 필요하다.

◆참고문헌◆

산업통상자원부, 2014.1, 「2013년 외국인직접투자 동향」, 산업통상자원부 보도자료.

최의현, 2012, 「중국기업의 해외투자 성향과 제주도에의 시사점」, 『제주발전포럼』, 제41호.

김미희, 2011, 『새만금개발을 위한중화자본유치 기초연구』, 전북발전연구원.

김미희, 2012, 「중국기업유치 활성화를 위한 전라북도 대응방안」, 『전북발전연구원 이슈브리핑』, Vol. 94.

중국상무부, 2009, 상무부령 〈境外投資管理辦法〉.

중국상무부, 2014, 상무부령 〈境外投資管理辦法〉.

2014年度中國對外直接投資統計公報, 2014, 中國商務部.

# 저자소개

**고현정**
군산대학교 물류학과 부교수

**김민영**
군산대학교 경제학과 교수

**박재필**
군산대학교 경제학과 부교수

**황성원**
군산대학교 행정학과 부교수

**강태원**
군산대학교 물류학과 조교수

**김형성**
성결대학교 행정학부 조교수

**김재구**
전북발전연구원 연구위원

**김명아**
한국법제연구원 부연구위원

**김미희**
새만금개발청 사무관